グローバリズム、格差、民主主義
をめぐる世界的問題

橘木俊詔 著
TACHIBANAKI Toshiaki

ナカニシヤ出版

はしがき

ポピュリズムという言葉が、政治や経済を語るときに頻繁に飛び交う時代になっている。ポピュリストと呼ばれる政治家が――代表例はアメリカのドナルド・トランプ大統領であるし、他にも数多く存在しているが――政治、外交、経済の話題で登場している。「ポピュリズム」「ポピュリスト」とは何を指しているのだろうか。本書の目的は、これらについて政治学の世界で議論されている内容を阻(そ)嚼(しゃく)しながら、経済に関係する話題をわかりやすく解説、議論することにある。もとより経済学でわかっている理論を充分に理解できるように配慮するが、学問で言っていることとポピュリズムの考え方をどう両立させればよいかを本格的に議論する。

ポピュリズムは一般的には大衆迎合主義、あるいは人気取り作戦などと称されて、なんとなく上品さに欠けるという見方をする人々もいる。ところでポピュリズムは政治学からは、反多元主義、反エリート主義、排外主義、反グローバリズム、反知性主義とも解釈されており、一概に学問とは無縁な思想や人々を意味しているのではない。現実の世界において多くの人々がポピュリズムを支持したりポピュリストに傾倒している事実には重みがある。そしてそれらの主張をなぜ人々は支持するのか、またその主張は果たして学問的にあるいは論理的にも妥当なのかどうかを検討することは、とても大切な仕事である。

本書が扱う話題は主として経済の分野である。例を挙げれば、保護貿易主義、反グローバリズム、反経済共同体主義、移民・難民排除策、反福祉政策、小さな政府論などである。これらの話題を聞くと、読者は保守的な右寄りの思想（あるいは右翼）がポピュリズムの核心のようだと理解するかもしれない。現代の世界を概観すると、確かに欧米諸国のポピュリズムはそう解釈されうるが、第二次世界大戦以前をも含めると左寄りでリベラルな思想（あるいは左翼）のポピュリズムがあったことを、本書では提示する。

さらに右翼と左翼のポピュリズムを、すべての分野や論点において完全に峻別することはできず、特定の分野に関しては右も左も同じ政策を主張することがある。代表例を示せば、共和党のトランプ大統領が選ばれたときの民主党で候補の指名を争ったバーニー・サンダースは、自分は民主社会主義者であることを鮮明にした政治家であり確かに左翼である。しかし選挙運動のときには、トランプと同じくＴＰＰ（環太平洋パートナーシップ）という経済共同体には反対であった。反グローバリズムという点では他にも右と左が同じスタンスをとった分野があるので、本書ではそれを明らかにする。

もう一つの本書の目的は、では日本ではポピュリズムやポピュリストは存在するのか、を議論することにある。確かに日本でも存在するのであるが、むしろ個人としてのポピュリスト政治家という意味合いが強いという特色がある。すなわち右翼か左翼かといった政治思想も無視はできないが、それはもっとも重要な視点ではなく、政治家自身の有名度や独特な政治手法が際立っていることを述べる。

本書の執筆に際してはわかりやすい記述に気を配ったつもりである。ポピュリズムを経済との関連でどう理解したらよいか、そしてどう対処したらよいか、といった点を明らかにする。

最後に、本書の出版を薦められ、かつ見事な編集作業をしていただいたナカニシヤ出版の石崎雄高氏に感謝したい。しかし残っているかもしれない誤謬と内容に関する責任はすべて筆者にある。

橘木俊詔

ポピュリズムと経済◎目次

ポピュリズムと経済

――グローバリズム、格差、民主主義をめぐる世界的問題――

第1章　左翼ポピュリズム

ポピュリズムは、現代では大衆迎合主義、反グローバリズム、反移民主義（排外主義）、反リベラリズム、反民主主義、反知性主義などの代名詞で表現されることが多いので、政治思想としては右翼側に近い主義とみなされることが多い。しかし、過去の歴史（一九世紀や二〇世紀）を振り返れば、右翼思想だけでなく左翼的な思想によるポピュリズムが存在していた。本章ではこれらの左翼ポピュリズムを中心に考えてみたい。特に重要なのは一九世紀末のアメリカ合衆国と二〇世紀のラテン・アメリカの諸国である。

ポピュリズムを政治思想の立場から考察したミューラー（二〇一七）は、次の二つがポピュリズムの重要な特性であるとした。それは、第一に反エリート主義、第二に反多元主義、にまとめられる。反エリート主義は、従来型の政治と経済の支配者に抵抗する派であり、反多元主義は、抵抗するわれわれこそが唯一の人民（people）の代表であり、他の人々は排除されるべきと考える。換言すれば、われわれこそが人民そのものの正統派であり、他のあらゆる政治的な競争相手は非正統派とみなす。

1　アメリカにおける人民党

ポピュリズムの語源ともなったアメリカの人民党（People's Party）のことを一言述べておく必要がある。この歴史については、クラントン（Clanton 1991）から知り得た。

よく知られているように、アメリカの政治政党は共和党と民主党の二大政党が君臨しており、どちらかの政党が大統領になる人を選出していたし、そして連邦議会の議員の大半もどちらかの党に属していた人である。人民党の歴史は一八九一年に始まる。当時のアメリカはイギリスからの独立、南北戦争、西部開拓史などの歴史的大イヴェントを終え、産業革命を経験しながら、工業と金融業を中心にした資本主義が隆盛に向かっていた時期でもある。製造業や金融・商業のような産業の発展は、従来の産業に従事していた農民の経済的地位を低めることとなった。農産物の価格は下落し、生活に困った小農民たちは自分たちの主張を反映させようとして、人民党を組織したのである。

人民党が特に敵対したのは、土地所有者、製造業や鉄道業、金融資本家という支配者（エリート）である。これらのエリート層は資本主義体制の下での支配者なので、現代であれば、マルクス経済学流に言えば、人民党が果たそうとしたのは資本家階級に抵抗する労働者階級の役割なのである。とはいえ当時のアメリカではまだ労働者階級の意識はまだそれほど高くなく、労働運動も弱かったので、むしろ農民層が抵抗勢力（反エリート）の代表であったところが興味深い。

南部や中西部の農民を中心にした人民党は、一部の工場労働者の運動家も受け入れ、第三の政党として一八九二年にはかなりの勢力となった。政治綱領では、累進的な所得税の導入、一日八時間労働、鉄道会社の国有化、銀行・電信・電話業における規制の導入、といった今では左翼勢力の主張する政策が入っていたので、左翼ポピュリズムの走りとみなしてよい側面がある。

一八九二年の大統領選挙では独自の候補まで出したが、得票数は伸びなかった。一八九六年のアメリカ大統領選挙で民主党はウィリアム・ブライアンを候補者としたが、人民党の支持をも求めて、彼は共同候補者にまでなった。しかし本選挙では共和党のウィリアム・マッキンリーに大差で敗れた。大差で敗れると政党のその後は無残である。共和党と連携した方がよいという意見と、いや民主党との方がよいという意見の対立を生み、内紛の末にその影響力を低下させていった。

ここで最後に、人民党の意義を議論しておこう。大土地保有者や経営者といったエリートのやることに反対した庶民の希望から成立した人民党なので、まさにポピュリズムの走りとみなしてよい。すなわち反多元主義という人民による人民のための政党であるし、下層階級から上層階級への突き上げの性格があった。クラントン（Clanton 1991）が主張するように、啓蒙思想から出発した古き良き時代のリベラリズム的な政策を考えていた点は評価してよい。ただし、マルクス主義思想とは深い関係のなかったことは強調されてよいが、それとやや似た思想の側面もなきにしもあらずなので、左翼ポピュリズムの章で取り上げた次第である。

2　アルゼンチンのペロン

一九四三年に南米アルゼンチンにおいて、ファン・ペロンという軍人上がりの政治家がクーデターを起こし、軍事政権を樹立した。その後の一九四六年に大統領にまでなり、一九四六－五五年、一九七三－七四年の二度にわたって大統領に就いていたが、ペロンがポピュリストの代表的な一人とみなされているので、ここで取り上げる次第である。ペロンは労働者階級の味方であるような政策を採用したので、ここで左翼ポピュリズムに分類されるのである。アルゼンチンの歴史、政治、経済については恒川（二〇〇八）、松下（一九八七）から知り得た。特に松下洋は筆者の京都女子大学の現代社会学部における同僚だったので、日頃の会話からも学ぶ点が多かった。

❖アルゼンチンの歴史と社会状況

アルゼンチンは一八一六年に宗主国スペインから独立を成し遂げた国である。ラプラタ河の付近は、有名な「パンパ」と称される肥沃な大平原があり、小麦とトウモロコシを中心にした農業と、牛や羊を中心にした牧畜業が盛んであり、アルゼンチンはそこそこ経済的に豊かな国であった。冷凍技術の発展によって牛肉や牛乳の保存と輸送が可能となり、ヨーロッパやアメリカへの輸出量が増加したし、小麦やトウモロコシの食料輸出量も多かった。二〇世紀に入ると、アルゼンチンは世界の中でもトップテンに入る豊かな国になろうとしていた。有名な話としては、都市化に成功した首都ブエノスアイレスは、「南米のパリ」と呼ばれるほどの美しい都市になっていた。

とはいえ、農林業、牧畜業においては土地保有者が小農家や零細農家の農地や牧地を買収するようになり、南米特有の大土地保有者と貧農の並存という、今日でいう二極分化、あるいは格差社会化が、一九世紀後半から二〇世紀前半にかけて進行したのである。

もう一つ重要な歴史的事実は、農業労働者、鉄道労働者、そしてまだそう発展をしていなかったが製造業での労働者などが、都市部を中心にして誕生していたことである。都市の労働者という中間層はアルゼンチンにおける旧態依然とした政治体制への不満を持ち始めていた。これはヨーロッパにおけるマルクス主義思想が南米にも入っていたこととの影響があったと指摘しておこう。

ここで指摘した大土地所有下における農業労働者と、都会における労働者の利害が一致して、すなわち両者ともに被抑圧層、あるいは低所得者層だったので、大土地保有者や経営者への抵抗勢力として存在するようになったのである。これらの人々こそが、ペロンが目的としたポピュリズムの手法による指導者への立身において、背後からのペロン支持者の柱になるのである。

❖ペロンの台頭

ペロン自身は中産階級出身の軍人だったので、別に労働者階級に親近感を覚える境遇で育ったのではないし、むしろ職業軍人なので当時ドイツやイタリアで勢力を増していたファシズム（全体主義）に関心を寄せていた人であった。しかし一九四三年の軍人によるクーデターの成功は、彼の人生を大きく変える契機になったのである。特にペロンは軍事政権の中で頭角を現し、国家労働局長に任命されたことで、労働問題に大きな関心を寄せることとなった。

労働問題に関与することとなったペロンは、労働や生活の実態を知るにつけ、彼らの労働条件や生活水準を上げることの必要性を痛感するようになった。労働組合の形成や活動を支援する、労働時間の削減策、賃金のアップ策を次々と導入して、労働組合や労働者からペロンは信頼を得る身分となった。

中産階級出身で職業軍人であるペロンが、マルクス主義の主張するような労働者の権利確保や労働・生活の状況を改善する政策を打ち出したのは、哲学思想あるいはマルクス経済学に基づく発想だったのか、定かではない。とはいえ、現実には労働者にとって有利となる政策を実行したので、ペロンを左翼ポピュリストの一人としてここで取り上げた次第である。

もっともペロンが軍事政権の中で野心を燃やして、政権の担当者、すなわち大統領になろうと思って労働者の支持を得るような政策を打ち出した可能性もなくはない。後に示すようにポピュリズムは一人のカリスマ的な指導者、あるいは扇動者の下に人気取りのための政策を行うような作戦を取ることもあるので、このような仮説を提示した次第である。現に彼は後に大統領になるのであるから、彼の心の中にこのような動機が秘められていたかもしれないと思える説を否定できない。

しかしこの仮説の検証にはペロンの心の奥まで探究せねばならず、そう容易なことではないのでここではこれ以上深入りしない。ペロンをあくまでも左翼ポピュリストの代表者として提示するにとどめる。

❖ペロン大統領の誕生とその後

軍事政権下の大統領であったファレルの下、ペロンは彼の強い支持のおかげで、労働者や労働組合のためになる政策を強力に推し進めることができた。本来ならば労働組合は軍部とそれほど仲の良くない組織であるが、労働組合側も軍政を認めたのは、ペロンの政策によって自分たちの利益が強く保護されていたからである。しかしペロンと軍部の蜜月関係は長く続かず、軍の中枢部の中でペロン批判が起こった。終戦の年の一九四五年一〇月に、とうとうペロンは軍部によって追放された。

しかし労働者と民衆によるペロン支持の高さは低下しておらず、民政に移管した一九四六年二月の大統領選挙にペロンは立候補して、当選してしまったのである。選挙対策として労働者や労働組合の味方であることを強調したのである。すでにポピュリストのようなステイタスを得ていたペロンの面目躍如の政策を打ち出した選挙戦であった。

ここで筆者の考える時代背景の大切さを述べてみたい。アルゼンチンは直接世界大戦には関わらなかったが、どちらかと言えば戦勝国側の立場に近かったので、戦後の経済繁栄の効果を生かすことができた。戦後の戦勝国・イギリス、フランス、アメリカ経済ほどの強い繁栄はなかったが、アルゼンチンにもその余波は波及して、戦後経済は好調であった。経済が好調であれば企業の利潤も高く、ペロン政権の主張する賃金引き上げ策に経営者側が応じることができた。

イギリスが第二次大戦後に労働党内閣になって、賃金や福祉の分野で大幅に労働者に恵みとなる拡大政策を採用できたのと、背景が似ている事実を思い出してほしい。イギリス経済が好調だっただけに福祉国家的な政策をイギリスは取り得たのであり、アルゼンチンも同じ境遇にいたのである。アメリカも似た経験をした。戦後のアメリカ経済は大繁栄を経験し、所得税の累進度を強めて高所得層から低所得層への所得再分配政策を、ケインズ経済学の下で実行したのである。

ここで現代でのポピュリズムの一つの顔である保護貿易政策、あるいは輸入代替策のことを述べておこう。ペロン政権は左翼政権なので、ソ連のような中央政府による経済計画を作成して、計画経済を実行しようとした。その主眼は、保護貿易政策とアルゼンチンの国内産業を育成する政策にあった。現代のアメリカ大統領・トランプが、保護貿易政策と国内産業の育成、そしてアメリカ資本の流出阻止という「アメリカ第一主義」を掲げているのと酷似していることに気付いてほしい。アルゼンチンの工業を発展させるために、工業製品の輸入制限をしたし、国内資本を育成するために外資の導入を制限して、「アルゼンチン第一主義」を採用したのである。七〇年前のアルゼンチンと今日のアメリカによる「アメリカ第一、アルゼンチン第一」の政策は、まさにポピュリストによる政策一致という、南北アメリカ大陸を共通にしたポピュリズムである。もっとも北アメリカは右寄り、南のアルゼンチンは左寄りという違いのあったことは銘記しておきたい。

ところで左翼経済思想に特有な経済政策は、企業の国有化である。ソ連の企業は多くが国有企業であったし、イギリスにおいても左翼の労働党内閣では鉄道、銀行、鉱業、電力、航空などの産業では国有化された。アルゼンチンでもこれらの企業は国有化された。国有化企業の特色の一つは、その経営の非効率性である。しかも外国資本をアルゼンチンは排除したことにより、国内資本に頼ろうとしたので技術開発や経営の非効率性によって、企業経営の不振が目立つようになった。これはアルゼンチン経済の弱体化を招くこととなり、戦後、一時的にアルゼンチン経済が繁栄していた間はペロン政権は安泰であったが、その後の経済の弱体化により政権は不安定となり、一九五五年には軍部のクーデターにより政権は崩壊したのである。左翼型ポピュリズムの終焉である。

3 ベネズエラのチャベス大統領

ペロン大統領は戦前から戦後三〇年の期間にわたって生存し、戦後しばらくと一九七〇年代のほんの短い期間に大統領を務めた。いっぽうチャベスは同じく南米のベネズエラで一九九九年から二〇一三年のほぼ一五年の長期間にわたって大統領の任務にあったポピュリストである。ペロン同様に左翼の色彩が強く、しかもラテンアメリカ諸国の人なので二人には共通性が高い。チャベスに関してはキャロル（二〇一四）を参考にした。

❖チャベスの台頭とその政策

チャベスは両親が教師という家庭に一九五四年に生まれ、少年時代の学校での成績はよかった。ペロンと少し似たキャリアを持っていて、士官学校に入学して軍人を目指した。当時の南米諸国では軍人による政治クーデターが多く発生していて、チャベス自身もその影響を受けて軍事クーデターに関心を持っていた。それと同時に、ベネズエラ内に横たわる大土地保有者と小農民の間の経済格差、富裕層と貧困層の間の経済格差の大きさという問題を、なんとかせねばならないという気持ちを有していた。このことがチャベスをして左翼ポピュリストの典型といえる人にせしめたのである。

チャベス自身も軍隊内で政治勢力をつくり、自らがクーデターを試みるが失敗し、投獄の経験もする。解放後は軍事活動から離れて市民として政治活動を開始した。本人はマルクス主義者であることを宣言して、社会主義政策を実行するスタンスでいた。ベネズエラ社会を支配している大土地保有者、経営者のような富裕者などに反感を抱く被支配者層、すなわち農民、小商工業者、労働者、貧困層などから支持を得て、チャベスは一九九九年の大統領選挙で勝利した。

チャベスは大統領に就任後には、自身の政治信条を強引に実行した。すなわち農地改革を断行して小農民に大土地保有者の土地を配分したり、貧困層が医療の診療を無料で受けられるようにした。いわゆる社会主義思想に立脚した政策を種々導入したのである。

ただしこのような恵まれない層、あるいは被支配層を支援する政策には、一方の支配層や富裕層からの抵抗があることは、発展途上国ではよく見られることである。その結果、チャベス政権への反政府運動が起こった。軍部もこれに同調してごく一時は軍事クーデターによる政権も誕生したが、低所得層はこれに抵抗運動を起こしてチャベスの復活に成功する。チャベスは何度かの政権危機に接したが、やや独裁的な政策を実行して、強権的な政治を行った側面は否定できない。よくテレビに出て演説をぶったりして人気を取ろうとしているし、反政府の立場にいるテレビ局を乗っ取ったりもしている。このあたり、一人の独裁的な指導者の存在が、ポピュリズムの一つの特徴として理解できる。

チャベスを世界的に有名にしたのは、ベネズエラにおける独裁政治に近い左翼ポピュリストの顔もそうであるが、もう一つ重要な顔がある。それはブッシュ（息子のジョージ）アメリカ大統領とアメリカ合衆国への強い批判の精神である。チャベスはアメリカが中南米諸国を含めたアメリカ大陸、あるいは世界の覇権国家であることを強烈に批判した。資本主義の盟主、帝国主義的な外交・軍事行動をとるアメリカへの反対・抵抗という面で、二〇一〇年代当時の世界政治においてチャベスは象徴的な人物だったのである。

❖ポピュリストとしてのチャベス

最後に、チャベスをなぜポピュリストの一人とみなせるのか、政治学からの解説があるので、ミューラー（二〇一七）に即して記述しておこう。第一に、チャベスは政権の座にいるときも常に対立者や反対者を刺激して、自己の存在意義を強調する。その代表がジョージ・ブッシュというアメリカ大統領であり、アメリカを敵に見立てて、人民の支持を得ようとした。

第二に、一部のポピュリストは自己の政治権力の行使のために、資金の調達を巧妙に行う。チャベスの場合には、ベネズエラの石油ブームによって資金を豊富に得て、「ボリバル革命」に似た性質を有する「ボリブルジョワジー」と称される人々を生み、彼らを味方として手に入れた。なおシモン・ボリバルとは一八世紀から一九世紀初頭にかけて、南米におけるスペインからの独立運動で貢献した人物である。チャベスはボリバルを尊敬していた。

第三に、憲法や国民投票を自分の政治目的を達成するための道具として使ったことがある。チャベスは自己の大統領任期の延長や無制限な再選を認めるような憲法改正を何度も提案し、議会での賛成と反対の議決を経験しているし、ポピュリストがよく用いる国民投票の手段を用いた際にも、賛成と反対の経験をしている。紆余曲折を経て最終的には、二〇〇九年一月における国会での議決と、二月の国民投票によって、大統領の無期限再選につながる憲法改正案が承認されたのである。

これらの三つの例で示されたように、チャベスはポピュリストに特有な政治手段を駆使して、自己が半永久的に大統領であり続けられるような憲法改正を行ったが、二〇一三年にガンにより死亡した。世界的に有名であった大統領の死においては、ベネズエラ国民と三〇か国以上の南米諸国トップが参列する葬儀が国葬として行われた。

チャベスの死後、ベネズエラの政治は混乱を極めている。つまり後継のマドゥーロ大統領（チャベス大統領時代の副大統領）は反米路線と社会主義政策を行ったが、反対党の右派連合が国会で多数派を占めることとなった。大統領が左派、議会が右派というねじれ現象によって、政情は安定せず、デモの頻発や軍事制圧といった政情不安が現在まで続いている。ベネズエラが今後どうなるか予測不能なほどの混乱ぶりである。

4 バーニー・サンダース（アメリカ大統領候補）

ミューラー（二〇一七）では、二〇一六年度のアメリカ大統領選挙において、民主党の候補者指名を受けるためヒラリー・クリントンと争ったサンダース上院議員が、ポピュリストの一人として挙げられている。正しく表現すれば、ポピュリストとされた、と記述されているので、ミューラー自身の判断と異なるかもしれない。本章では左派ポピュリストを論じているので、アメリカでは珍しい左派の政治家であることが明らかなサンダースは、ここで論じるにはふさわしい人物である。しかし筆者は彼を正統派のポピュリズムとみなさないので、なぜそう判断するかを含めてここで彼を論じてみたい。

サンダースの人物を簡単に素描しておこう。ユダヤ系のポーランド移民の子どもとして生まれた彼は、家計が豊かな家庭に育ったのではない。名門シカゴ大学で学んだので、本人がその気になればよい仕事に就けたと思われるが、各地で賃金の安い仕事に転々と従事して苦しい若者時代を送った。この貧しい生い立ちと恵まれない職業経験をして、サンダースを左翼思想に向かわせたのは自然だったかもしれない。彼が大統領候補に立候補したとき、「自分は民主社会主義者」と宣言しているユニークさがある。アメリカでは「社会主義者」と自称する人は稀であるし、国民も社会主義を好む人がほとんどいないので、「民主」という冠言葉付きではあるが、社会主義者を名乗ったのは勇気がある。しかも民主党の中では候補となったヒラリー・クリントンと指名を巡って接戦を演じたのだから価値がある。

なぜサンダースが若者を中心として人気を博したかといえば、資本主義の盟主アメリカは貧富の格差が非常に大きく、「一％の富裕層が九九％の低所得者層を搾取している」とのスローガンの下、金融資本の象徴である「ウォール街」を占拠せよとの運動が起こっていたことがその背景にあった。すなわち貧困で苦しむ人、そして若者を中心にして格差社会の是正を主張したのであるが、政治家サンダースはこれを政治目標に掲げての立候補である。大統領候補に名乗りを上げたときは、バーモント州の上院議員だったので、立派な正統派の職業政治家なのである。

ポピュリストの二大特徴は、反エリート主義と反多元主義にあると考えれば、サンダースはこれらと少し離れたところにいる。確かに経済的な富裕者に対抗する意味では反エリートであったが、上院議員という身分はエスタブリッシュメントの人であるとの感がある。もっとも同じ候補者だったヒラリー・クリントンは名門大学出の弁護士だったし国務大臣の経験者でもあったので、彼と比べれば彼女の方をエリートと称してよく、ポピュリストの攻撃目標になる資格がある。

反多元主義に関しては、ポピュリストは正しい政治勢力はわれわれ人民（あるいは自分たちだけ）だと認識して運動するし、リーダーが一人いてカリスマ的な行動をするケースが多い。サンダースの場合は人気を博したが、自分と思想が異なる他の人々の存在を認める民主主義の中で生きてきた人だし、南米のポピュリストのような独裁主義者のようなカリスマ的な行動をしていないので、サンダースをポピュリストとみなすのにやや違和感を持つ人がいるかもしれない。

富裕層や支配層といったエリートによる政治体制を好まないという意味では、サンダースの政治はポピュリズムの側面はあるし、確かに左翼というカテゴリーに入れてもよい。しかしあくまでも民主主義の枠内での左翼なので、純正のポピュリズムとはやや趣が異なるとしておこう。

5　ナロードニキ

左翼ポピュリズムといえば、社会主義革命を成功させたロシアを無視するわけにはいかない。一九一七年に起きたレーニンを指導者とした二度の革命、すなわち二月革命や十月革命が世界史上では特筆すべき事件であるが、ポピュリズムという範囲でいえば、一八六〇年代、あるいは七〇年代の「ナロードニキ」の方がよりふさわしい。現にミューラー（二〇一七）もこの「ナロードニキ」を言及しているが、ほんの数行の記述にすぎないので、ここでは詳しく「ナロードニキ」を考察してみる。ソースは主として松田（一九九〇）、田中・倉持・和田（一九九四）である。

❖ロシアの歴史と社会状況

一九世紀のロシアは皇帝（ツァーリ）と呼ばれる君主が最高権力者の地位にいて王国・あるいは帝国支配の国で

あった。ロシアはクリミア戦争（フランス、イギリス、オスマン帝国などの連合軍とロシア帝国との間の戦争で、一八五三年から一八五六年にかけての三年間にわたった）に実質的に敗れて、イギリスやフランスと比較してその後進性が顕著になった。

一つには、産業革命を経験した、もしくは経験しつつあった国々（イギリスやフランス）は強力な工業水準を背景にして、艦船や戦車などの戦力が強かった。二つには、ロシアはまだ農奴制の中にいて農業生産が遅れていたし、封建的な農業国家であった。すなわち、資本主義・自由主義を中心にした市民社会というのが成立しておらず、経済発展を達成するには農業分野での改革がまず必要と考えられた。独立自営農民の育成と商工業の発展が期待される時代であった。

これらロシアの後進性を憂いた皇帝アレキサンドル二世は、一八六一年に農奴解放を実施したのである。ロシアの農奴とは、領主の下に土地に束縛された農民が農業生産に励み、移動の自由のみならず結婚の自由もない服従の中にいたのである。領主にもいろいろあって、国有地農民、修道院農民、貴族領農民などが農奴として存在した。農奴に人格は与えられておらず、過酷な状況にあったし、ときには虐待もあった。こういう農奴が一八世紀になると反乱を起こすこともあったが、ほとんどは成功しなかった。

これを憂慮したアレキサンドル二世は一八六一年に農奴解放令を出して、農奴の解放を図った。クリミア戦争の実質的な敗北によるロシアの疲弊を打破すべく、農民に活気を与える目的もあった。アレキサンドル二世は基本的に保守的な人間であったが、帝国を建て直すために農奴の解放に踏み切ったのである。農奴に自由を与えるとか、人格を保障する、土地を与えるといった政策を行った。とはいえ、あくまで帝制の下での解放なので、農民が完全に自由になったとか、土地を自由に持てるといったことはなく、領主や地主からかなりの束縛を受けた解放令だったのである。

❖ナロードニキ運動の発生とその特徴

「ナロードニキ運動」はこの農奴解放の後に起こったもので、世界史上で意味を持つのは、このときまだロシアは農業がもっとも重要な産業であったが、農奴解放によって多少は農民の自由なり生活が改善したところに、これをもっと前進させて一気に君主制の打破を目的とするようになったことである。西ヨーロッパの革命はまずは封建領主制を排除するという市民革命を経てから、産業革命によって工業の発展があって資本主義の栄える経済になり、労働者が資本主義を倒すという二段階の革命を目指していた。ところが一九世紀中頃のロシアはまだ資本主義の段階ではないところに、農民が中心になって帝制を倒して一気に社会主義を達成するという目標を掲げたのである。すなわち資本主義を飛ばして、いきなり帝制打破による社会主義の実現を狙うという無理な側面があった。しかも革命の主体は、農奴解放によって生まれたまがりなりの自営農民であり、工場労働者ではなかったのである。

この「ナロードニキ運動」の特色については、日本の社会主義運動、あるいはマルクス経済学においても、同じことが起こった。戦前のマルクス経済学には「講座派」と「労農派」の二大学派があった。「講座派」は日本は明治維新とその後に大土地所有者からの農地解放がなされておらず、市民革命を経験したと考えられず、大正・昭和の初期にはまずは第一段階の市民革命を行ってから、第二段階の労働者による社会主義革命を目指すべきと考えた。

一方の「労農派」は、日本はすでに第一段階の市民革命を明治時代に経験しているし、大正・昭和の時代にはすでに帝国主義の時代に入っているので、労働者を中心にして資本主義を倒すための一度限りの社会主義革命で充分と考えたのである。日本の「労農派」の思想・主張は、ロシアの一九世紀半ばの「ナロードニキ運動」の思想・主張に近いという特色を述べておこう。西ヨーロッパのように工業化による資本主義の国になっていたかどうかの判断は、実はロシアや日本という後進国においては重要な論点なのである。

❖ポピュリズムとしてのナロードニキ運動

ここでなぜ「ナロードニキ運動」が左翼ポピュリズムとして理解できるかを述べておこう。第一に、運動の主体が農民であったことが大きい。農奴解放によって多少の自由と人権を得た独立自営農民であったが、まだまだ不充分な身分にいる立場だったので、より良い処遇を求めて、国王や領主、地主に抵抗をしたのである。解放されない小作農もまだかなりの数存在していた。重要なことは、それら抵抗運動をする農民の数が一〇〇〇万人から二〇〇〇万人にも達するほどという多数だったので、ポピュリズムの性格を有していたのである。

第二に、農民は運動はするが指導者としての役割をする人も必要なので、誰が指導者で農民を運動に走らせたかということに関しては、革命家もいるが文学者や哲学者といった知識人の役割が大きかった。さらに革命家でありながら文筆で農民を煽る人もいたのである。

その代表はニコライ・チェルヌイシェフシュキー（一八二八－一八八九）とニコライ・ミハイロフスキー（一八四二－一九〇四）である。文筆によって革命なり改革の必要性を大衆に説き、これによって啓蒙された民衆が先頭に立って運動に励んだのである。一般大衆、農民への啓蒙によって多くの人が啓発されたといえるので、左翼ポピュリズムの中に入れてよいと判断している。

チェルヌイシェフシュキーは哲学者であるが経済学の勉強もした人である。イギリスのロバート・オーエンによる協同組合運動、フランスのサン＝シモン、フーリエ、プルードンといったユートピア思想の延長として、倫理的に社会主義を説いた、いわゆる空想的社会主義者の影響を受けた。では空想的社会主義とは異なる科学的社会主義とは何かといえば、エンゲルスが空想的社会主義を批判して、自分たちの社会主義の方が経済学の論理として資本主義の矛盾を科学的に証明していると主張したのに発して、「空想的」という言葉が献上されたのである。

チェルヌイシェフシュキーには『J・S・ミルの経済学原理への注解』という経済学書もある。J・S・ミルは古典派経済学の末期の人で、土地の国有化なども説いた経済学者であり、古典派経済学から社会主義経済学への橋渡しをした人でもある。チェルヌイシェフシュキーは多分ミルの影響を受けたのであろうが、農村共同体（ミール）に着目して農村における共同体意識の向上がロシアを革命に導くと考えたのであった。有名な小説としては『何をなすべきか』があり、革命思想を主張したユートピア的な小説は、ロシア国民に多大な影響を与えた。「ナロードニキ運動」の創設者の一人であり、後の革命家、レーニンなどにも影響を与えた人物として有名である。

第2章 右翼ポピュリズム

現代でポピュリズムといえば、ヨーロッパにおける右翼の政治グループが、人々の思い浮かぶ政治勢力、あるいは政治運動であると思われる。自由主義、民主主義が定着しているヨーロッパにおいて、特定の人やグループがやや極端な主張をして一部の人々の支持を受けて、政権担当勢力を脅かすまでに至っている。その勢力は右翼思想であることが多い。具体的な主張としては、反移民主義（人種主義につながることもある）、反グローバリズム（具体的には反ＥＵ〈ヨーロッパ共同体〉）、反エリート主義、反知性主義、保護貿易主義、直接民主主義（たとえば国民投票）、人気のある代表政治家の存在、などを掲げて政治勢力の拡大を図っている。具体的にどういう国で、どういう人が、どういう政策を掲げているかは後に詳しく検討する。

1　ナチスドイツ

❖アドルフ・ヒトラーの政治

ポピュリズムの書物を読んでみて、筆者にとって不思議なことは、第二次世界大戦を導いたドイツのナチズム先導者としての全体主義者、アドルフ・ヒトラーが右翼ポピュリストとして論じられていないことであった。ナチズムはナチ党の主導する政策であるが、ナチ党は正式には国家（あるいは国民）社会主義ドイツ労働者党と称されていたのであり、その前身のドイツ労働者党は一九一九年に設立されていた。社会主義とか労働者党という名称からの類推では、資本家に搾取されている労働者の権利、生活の保護を主張する政党ではないかと想像できる。

よく知られているように、ヒトラーによる統治の下でのナチズムは、白人優位（特にゲルマン民族）思想の下でユダヤ人や非白人を排除する人種政策を採用した。特にユダヤ人を大虐殺した人種政策は人類史上で稀にみる暗黒の歴史で同情の余地はない。現代のポピュリズムは移民・難民の排除をすることが多いので、この点からナチズムをポピュリズムとみなすことが可能となる。

もう一つナチズムの採った政策は、軍事力で近辺の諸国（例えば東ヨーロッパ、北欧など）に攻め込んで、ドイツの領地にしてしまうか植民地化ないし属国化を図る対外政策である。この政策が英仏露米の反感を買い、第二次大戦が勃発する契機になったのである。ドイツ、イタリア、日本という全体主義の国と、それと戦った米英仏の自由主義・民主主義の間の戦争というのが大戦の特色とみなされるが、全体主義対非全体主義だけで大戦開始のすべての要因を説明できるのではない。ポピュリズムとの関係でナチズムの拡大主義を評価すれば、反グローバリズムがポピュリズムの一つの顔なので、拡大主義をグローバリズムの一つの姿と解釈すれば、ナチズムは反ポピュリズムとみなせないこともない。

しかしヒトラーの独裁政治、強力な人種政策などを考慮し、かつナチズムが庶民を中心にしたドイツ国民の大多数（ポピュリスト論に忠実だと人民という言葉になる）の支持を得た（すなわち大衆迎合主義に相通じる点がある）事実に立脚すると、ナチズムはポピュリズムの範疇に入ると理解してよいのではないだろうか。

ナチズムを法理論から支援したドイツのカール・シュミット（二〇一五）は次のように述べている。すなわち、民主主義では議決の方法が煩雑なので時間がかかる。種々の政治会派の存在により、駆け引きや説得が必要だし、選挙に頼ればもっと時間がかかる。ナチスのようなファシズムの方が一党独裁なので短時間で政策を決定できるし、人民の好む政策を考えるので、人民の支持も受けやすいメリットがある。筆者は、確かに民主主義はコストのかかることを認めるが、理想に近い政治制度なので、シュミットの考え方に必ずしも賛成しない。さらに、ヒトラー政治の害には大きなものがあったし、独裁政治は悪い方向に進む可能性を秘めている。悪例はソ連のスターリン時代であった。

ヒトラーの時代は歴史的に古すぎるから、ポピュリズムとみなすのは困難だとの指摘があるかもしれないが、アメリカの人民主義というポピュリズムはナチズム以前の運動だったので、この指摘は妥当なものではない。もちろん、ナチズムは人類史上における大イヴェントだし、ポピュリズム以外で解釈できる側面も多々あるので、ナチズムをポピュリズムだけで解釈するつもりはない。ここでの記述の目的は、ナチズムはポピュリズムという一つの顔を有していた、という点だけにある。

❖ナチズムと経済

政治や国際関係の側面からすると、ナチズムはポピュリズムの顔を有していたが、本書の関心である経済の側面から評価するとどうであろうか。すでに述べたようにナチ党の公式名は「国家（あるいは国民）社会主義ドイツ労働者党」なので、労働者の利益を第一に考える社会主義の政党かもしれない。アメリカ大統領のトランプはアメリカ国民、特に労働者の利益を第一にしたので、ポピュリストとみなされており、ナチ党もそう解釈できるかもしれない。

確かにオーストリアの有名な経済学者、フォン・ミーゼス（二〇〇二）が述べているように、ナチズムによる経済は社会主義的な特質を有している。ここで強調すべきことは、ヒトラーもナチズムもマルクス流の社会主義を支持していたのではなく、むしろ共産主義とは対決関係にあった。ではなぜナチズムを彼ら自身が社会主義と呼んだのであろうか。それを筆者の理解に基づいて述べておこう。

それにはドイツの経済史から考える必要がある。一八七一年にプロシア王国を中心にしてドイツが帝国を作り、統一を果たした後の、宰相ビスマルクの経済政策から始めねばならない。当時のドイツはイギリスの産業革命より遅れたのでドイツの資本主義は未発展であった。そこでビスマルクはドイツ経済の発展のために次のような政策を導入した。第一に、ドイツには経済学の学派として歴史学派というものがあり、リストやシュモラーの学説にのっとり、産業の発展のためには保護貿易策の採用によって、ドイツ国内の産業を育成すべしとの主張が尊重された。さらに、政府の役割が重視されて、補助金政策やイギリスからの先端技術の導入策、ときには産業の国有化を図って、様々な方策によって国内産業を強くしたのである。

第二に、労働者によく働いてもらうためには、アメ（福祉制度）とムチ（労働奨励策）の両者を同時に用いるべし、との社会政策を導入したのである。医療保険、年金制度、労働災害などの社会保険制度はドイツで世界に先駆けて導入されたのであり、ドイツ流社会政策として定着している。これに関してもドイツ歴史学派という経済学説の役割が大きかった。このあたりの説明は橘木（二〇一七）に詳しい。

第一の政府の経済政策重視、第二の労働者の保護政策が、ナチスの経済政策に引き継がれたのである。必ずしもマルクス経済理論の適用ではないことを強調したい。とはいえ、政府が中心になって経済政策の計画や運営を行うという姿であった。社会主義国では計画経済を柱にするので、多少それに似た面があったと述べるにすぎない。ここにナチスの経済制度が「国家（あるいは国民）社会主義ドイツ労働者党」と呼ばれる根拠とみなしてよい。労働者党という名称は第二の社会政策の伝統を引き継いだのである。

ナチス経済を語るときに忘れてならないことが一つある。それは第一次世界大戦の敗戦から立ち直ったドイツ経済であったが、アメリカの株価暴落に発する世界大不況がドイツに波及したことで、ドイツは失業問題に悩むこととなった。そこでナチス政権の採った政策は軍需産業を大幅に振興するために、公共支出を増額することだった。これは同時に、ナチスの領土拡大策を遂行するための軍事力増強策に他ならない。軍事産業は兵器、航空、陸運、鉄鋼、石炭などの諸産業を誘発するので、経済を強くすることができるし、雇用の拡大に寄与し、失業問題の解決に貢献した。ドイツ国民はこのナチス経済政策の成功を見て、ますますナチ党への支持を高めたのである。

この経済政策をポピュリズム政策とみなしてよいのかどうか。筆者はそうみなしている。その根拠は、ヒトラーの独裁によるナチズムは、人民の支持を得るために失業問題の解決に最大の努力をして成功したからである。これこそがポピュリスト経済政策であることの根拠となる。繰り返すが背後には、帝国主義戦争に向けての目標を達成するための手段を兼ねていた、という事実があったことを忘れてはならない。

2　現代におけるヨーロッパの右翼ポピュリズム

✣現代のヨーロッパ

今日、フランス、オランダ、ベルギー、デンマーク、イタリアなどの諸国において、右翼ポピュリズムが勢力を得ており、ポピュリズムが多くの関心を得る理由になっているので、ここでそれらを詳細に分析する。しかし、その前に第二次世界大戦後のヨーロッパを概観することによって、なぜヨーロッパで右翼ポピュリズムが台頭したかの時代的な背景を知っておこう。

第二次世界大戦の結果は、ドイツ・イタリアの敗戦と連合国側の勝利で終わったが、戦禍によるヨーロッパの被害は甚大で、各国でもう戦争は嫌だという雰囲気が強かった。しかも疲弊したヨーロッパ経済を立て直すには、各国が共同で対策を講じる必要もあった。イギリスは早期に繁栄に向かったので、特に大陸諸国でその感が強かった。ここにおいて戦勝国のアメリカが中心となって「マーシャルプラン」という欧州復興政策を実施したことも述べておこう。

その対策の一つが一九五二年の欧州石炭鉄鋼共同体（ＥＣＳＣ）の設立であり、後のＥＵ（ヨーロッパ連合という経済共同体）の創設への母体となった。ＥＣＳＣは一九五八年に欧州経済共同体（ＥＣＣ、後にＥＣ）に発展し、経済統合への道を歩み始めた。国を超えての経済・社会の統合への第一歩である。当初は、独・仏・伊に加えて、ベネルックス三国（オランダ、ベルギー、ルクセンブルグ）の六か国であった。経済統合の目的は域内の貿易を自由化して、輸出入を活発にして経済発展を図ることにあった。その際に各国独自の法律、政治、金融、教育、社会保障などの諸制度が運営上の壁になることがわかり、できるだけ共通の制度にする努力がなされた。当時は西側諸国と東側諸国の対立も激しく、ＥＣは自由主義と民主主義を信奉する国家の同盟という共同体でもあった。その間にイギリスをはじめ、いくつかの国がＥＣに加盟したのである。

ところが一九八〇年代後半にソビエト連邦の崩壊、東欧諸国の共産圏離脱という事態が発生し、それらの国々が自由主義経済の国に変化しようとしており、拡大ヨーロッパ共同体への気運が高まった。すでに有名なマーストリヒト条約によって、ヨーロッパ連合（ＥＵ）が一九九三年に設立されており、旧東欧諸国の加盟が相次ぎ、現在では二六か国の大所帯による共同体となっている。特筆すべき事象は一九九八年の欧州中央銀行の設立、一九九九年の単一通貨ユーロ（イギリスは未加入）の導入である。政治、貿易、社会制度のみならず、通貨の統合と金融政策の一本化も行われ、大きな経済共同体が誕生したのである。一つの背景としては、当時世界第一と第二の経済力を持つアメリカや日本の存在が強くなり、ヨーロッパが一体となって日米両国に対抗する必要性のあったことも忘れてはならない。

❖ＥＵ内での様々な不満と不協和音

あたかも大連邦国家のように大規模経済共同体になった中、様々な不満なり不協和音が、二一世紀に入ってからＥＵ内で湧き上がるようになった。これが反グローバリズムを掲げる右翼ポピュリズムの台頭と直接の関係があるので、ここでやや詳しく検討しておこう。

第一に、政治、外交、経済、金融、社会制度など、あらゆる分野でヨーロッパ共通の制度で各国が縛られるとなると、各国の独立性なり自主性が犠牲になる、という声が強くなった。やさしくいうと各国の主権が脅かされる危惧を感じるようになったのであり、これは域内におけるナショナリズム（国家主義あるいは国民主義）の台頭とみなしてよい。一九世紀と二〇世紀のヨーロッパはナショナリズムの争いが目立ったので、その反省からＥＣやＥＵの発展を促したのであるが、統合が過剰に進みすぎて国家の主権や独自の文化を喪失しかねないとの危機を国民が感じ始めたのである。この危機を特に感じたのは、右寄りの思想なり信条を有する人々に多かった。

ここで述べたことを証明する二つの事実を述べておこう。第一に、ナショナリズムの高まりは、EUに加盟する国内でも発生しており、これが確認できる。イギリス内でのスコットランドは、イギリスからの独立を目指してスコットランド独自の国民投票まで実行したのである。イギリスのEU離脱を受けて、再びスコットランドがイギリスからの独立を目指すかもしれない。スペイン国内では、バルセロナ地域を中心にしたカタロニア地方には、常にスペインからの独立を目指す一派が存在している。これら二つの例は後に詳しく検討する。

第二に、EUは加盟国全体を規定するような「欧州憲法」を制定しようとしたが、各国でのその条約の批准が否定された例が相次いだ。そこでEU当局は各国の自主権を尊重するような欧州憲法条約を再提出し、やっと二〇〇七年のリスボン条約として調印に持ち込めた。このリスボン条約にもアイルランドは批准ができなかったが、国民投票によってようやく批准にこぎつけたし、他の国も批准に至って、二〇〇九年ようやく発効した。各国民の行き過ぎの統合化への抵抗が、欧州憲法の制定手順から読み取れる。

この帰結が、二〇一六年六月のイギリスにおける国民投票で、EU離脱を決めたことにつながった。もとよりイギリスの離脱は、ナショナリズムの再発のみによっては説明されない。ところで付言すべきことは、ポピュリズムは政策決定に際して国民投票という手段を求めることが多いのである。アイルランドやイギリスの国民投票は、ポピュリズムからの要求というのがその実行の一因だったと理解しておこう。

ＥＵ内での不満の第二は、グローバリズムの象徴はモノ、ヒト、カネの国際移動で代表されるが、ＥＵは基本的にこれら移動の自由を容認してきたことへの懐疑である。加盟各国内での移動は最低限容認するとしても、加盟国以外からの移民・難民の流入が増加したことへの人々の不満が高まった。

特にアラブ民族の中東地域から、内乱を避けて安全な地域に移動したり、新しい職を求めてＥＵ諸国への移民・難民が激増したのは、ここ数年の出来事である。もとより中東戦争が深刻になる以前から、中東、アフリカを中心にして、ヨーロッパでの職を求めての移民はかなりの数が存在していた。以前はまだヨーロッパ経済（特にドイツや北欧諸国）が強かったので、労働需要があったことにより、移民を拒絶することはなかった。

しかしリーマンショックを契機にした世界的な大不況は、ヨーロッパでの移民導入に対して多くの国民が拒否反応を示すようにした。それは各国民が、失業率が高まった大きな理由の一つとして、外国人の移入によって自分たちの職が奪われるようになったと認識したからによる。

これはヨーロッパだけではなく、トランプ・アメリカ大統領が選挙運動中に展開した、「メキシコとの国境に壁を作って移民流入を防ぐ」というキャンペーンと同次元で理解できる。そこには、アメリカ国民も自国民の雇用を優先するために、きっとそれを望んでいるだろうという、ポピュリストの代表選手の一人であるトランプの判断がある。現に後に述べるように、ヨーロッパにおける右翼ポピュリズムの大半は、移民導入への反対か導入数の削減を主張してきたことを記憶しておいてほしい。人手不足のときは悪い労働条件でも働いてくれる移民を安易に導入し、失業率が高くなったら自国民の優先で移民を排除しようとする先進国の身勝手さを強調したい。しかしこの背後にはいわゆる新自由主義に基づいた市場原理主義の考え方を容認する姿勢が働いている。これらの主義を支持する人は右寄りの人に多いのである。

3　格差拡大と反エリート主義

ここ二〇~三〇年間、世界は所得や資産、あるいは関連して教育や社会保障など、いろいろな分野で格差の拡大を経験してきた。特に資本主義国では新自由主義、市場原理主義が強くなって人々の間で貧富の格差が大きく拡大した。これらの主義は教育の機会均等や社会保障制度をも軽視する政策を主張するので、格差の是正策にはつながらず、むしろそれを拡大するのを助長したと考えてよい。代表的な文献としてピケティ(二〇一四)、アトキンソン(二〇一六)、日本では橘木(二〇〇六、二〇一六b)を挙げておこう。

❖格差拡大と政治思想の関係

格差拡大を政治の世界と関係づけると、一九七九年から九〇年までのイギリスのサッチャー首相、一九八一年から一九八九年までのアメリカのレーガン大統領による、規制緩和、競争促進、福祉削減という政策効果が格差拡大を生んだ。その後も各国においてサッチャー・レーガン路線を踏襲する保守派、ないし右寄りの政権であった国が日本を含めて多く、格差拡大は各国に波及した。

資本主義国ではこれら保守政権に対抗する政党として社会民主主義のリベラル派の政党も存在したが、一部の国々（北欧諸国）を除いて総じて弱体化していたので、格差拡大を阻止する政策はさほど採用されなかった。

こうして戦後の資本主義国、あるいは先進国では基本的には中道右派ないし右寄りの保守政党が政権を担当し、中道左派ないし社民勢力が政権を担当する期間は北欧やオランダ、フランス、ドイツなどを除いて少なかった。では極右や極左の政党はどうだったのだろうか。ポピュリズムは極右政党に多かったし、極左政党は格差拡大の阻止を強硬に採用するかもしれない。ヨーロッパでは共産党などの極左政党は基本的に相当弱体化したので、影響力はほとんどなかったといってよい。

むしろ興味は、中道右派よりも右寄りに位置する極右勢力にある。後にヨーロッパのどの国で極右政党とポピュリズムが力を得たかを述べるが、ここでは一般論として議論しておきたい。中道右派よりもさらに右にいる政党であれば、格差拡大を是認すると想像する人が多いかもしれないが、意外なことにポピュリズムの右翼政党は、失業者や低所得者の救済を主張することが多い。

アメリカのトランプ大統領が選挙運動中に、「失業者に職を与えることを自分の第一の目標にする」と主張したことを思い起こしてほしい。そのために保護貿易主義や移民流入阻止、そして法人税減税などの企業活性化策を打ち出して、国内企業での自国民の雇用増大策を前面に出したのである。この政策に白人の低所得層、貧困層、失業者が共鳴して彼に投票したのである。下層階級の人の経済状況を改善するポピュリスト的な政策が人気を博したのである。あるいは、フランスの大統領選挙においても、極右のフランス国民戦線（FN）の党首、マリーヌ・ルペンはトランプと似たような主張を掲げて、失業者に職を与える政策を声を大に主張した。もっとも、同時にEU離脱のための国民投票の実施、そして移民排除策も同時に主張していたことを忘れてはならない。

極右政党が低所得者や貧困者の救済策を提案して格差是正を主張するが、彼らは上にいるお金持ちや高所得者を攻撃して、その人々の所得や資産を下げるということまでは主張しない。所得格差の是正策は、①高所得者の所得を下げる、②低所得者の所得を上げる、③その両者の方法を採用する、の三つの政策があるが、極右政党は主として②を手段として考える。そしてその中身としては、失業者の数を削減するのが主たる手段であって、減税策とか社会保障制度の充実までは主張しない。特に社会保障制度策に関しては、人々の働くことによる自立を重視するスタンスなので、公的資金によって低所得者の福祉の充実を図るという案には賛成せず、むしろ強硬に反対するといってよい。

特に後者、すなわち福祉や社会保障の充実策は、極右のみならず中道右派の勢力も反対するのが通常なので、現代の右派に共通する姿勢と理解してよい。福祉の充実は人々を怠惰にするし、それにタダ乗りしようとする人が増加するとみなす。さらに、その支出を賄うために人々や企業の税や社会保険料の負担が増加すれば、経済運営にとってマイナスになるとして、経済効率性を下げるのを避けたい動機が、右寄りの人には強いのである。特に経営者層にこの意見に賛成の人が多いのは、当然のことと理解できよう。

❖格差についての低所得者の見方

探究すべきことは、では格差の下にいる低所得者や失業者は高所得者の存在を気にしないのか、という点にある。格差の上にいる人への感情は、それらの人にとって嫉妬の対象になるのが一般的だし、もし高所得者への税金を重くして、それを自分たち低所得者層にトランスファーしてくれれば、格差の是正につながると予想する可能性がある。ところが現実には、低所得者や貧困者は高所得者や高資産保有者を目の敵にしないのである。彼らはそれなりに頑張ったのだから、と評価する意識を格差の下にいる人が持っているのも一因である。アメリカのトランプ大統領はそれこそ大金持ちであるが、貧困の白人層はそれをあまり問題としなかったのがアメリカ国民であった。自分たちに仕事という労働の機会を与えてくれれば、それで十分であるし、それがお金持ちないし為政者の役割であると判断しているのであろう。

もう一つ低所得者がここで述べたこと以上のことを求めない理由を付け加えておこう。高所得者の存在を容認する理由として、橘木（二〇一三）はたとえ格差が大きかろうと、社会ないし経済が安定しておれば自分たち（すなわち低所得者や貧困者）の生活が脅かされていないと判断している可能性を示唆した。すなわち現在の政治・経済システムがそれほど問題なく存在しているのは、高所得者層が頑張ってくれるからこそなので、自分たちは目くじら立ててまでそういう人を非難する気はない。最低限望むことは、自分たちの生活が保障されればそれで十分と思っている、と理解してよい。そして一方で高所得者の方も、自分たちが頑張っているから社会と経済が安定していると自負し、あえて自分たちの所得を提供してまで低所得者の所得を上げようとする政策を考えないのである。

❖経済共同体内における国家間での格差拡大

ここまで述べてきたことは、一国内で所得格差が拡大したといったことであったが、EU自体に注目すれば経済共同体内における格差も大きな論点である。どういうことかというと、ドイツや北欧諸国のように経済が好調でしかも強い経済を誇り、国民一人当たりの所得が高い国がある一方で、ギリシャ、スペイン、ポルトガルのような南欧諸国は経済は不況で財政赤字が深刻であり、人々の一人当たり所得が低い国があるので、域内において南北間に格差が存在するのである。皆の記憶にあるように、ギリシャの大幅な赤字財政による経済不況を助けたのは、ドイツを中心とした貿易黒字が目立つ経済の強い国の財政支援であった。さらに最近になってEUに加盟した旧東欧諸国の経済も弱いので格差が目立っている。そういう国の人々が豊かな国に移住しようとしている現実がある。

域内に豊かな国と貧乏な国という格差が厳然として存在しており、支援をする国の人々と支援を受ける国の人々の間で、わだかまりのあるのは事実である。政府間でも支援をめぐって争いが絶えなかった。ドイツ国民からすると、ギリシャのように怠け者の多い国をなぜ助けるのか、ギリシャ国民からすると、ドイツの傲慢さが許せない、というのである。ヨーロッパ共同体内での国と国との間の格差をどうするのか、大きな問題になっている。

後にEU内の各国、例えばオランダ、オーストリア、デンマークのポピュリズムを論じるときに、EUを離脱すべしとの声が経済の豊かな国の右翼ポピュリズムから主張されたことを知るであろう。まさにドイツと同じような見方をする人々が、これらの国に存在したのである。ドイツでも右翼ポピュリストは存在したけれど、ドイツ経済の強いことが自負となっていて、ここで挙げた小国ほどEU離脱の声は強くはない。しかしなにしろヒトラーのナチズムを歴史上で経験したドイツなので、その延長線上に沿った極右路線が台頭しつつある事実の方が、筆者にとっては心配である。まだ他国と比較するとそれほど強くないが、特に移民排除の声があり、これはナチスの人種主義の再現につながりかねない恐れがある。

支援を受ける国と支援をする国のどちらでポピュリズムが台頭するかといえば後者である。自分たちが一生懸命働いて稼いだ所得を、怠けていて経済の弱い国に支援として移転する政策に、嫌悪感を持つ人はドイツなどに多いであろう。その嫌悪感がポピュリズムに通じる。一方ギリシャなどでは、他国からの経済支援という後ろめたさがあるので、ドイツなどをおおっぴらに批判することができない。もしドイツなどからの経済支援が停止になれば、ギリシャ経済は破綻しかねないため、国内でのポピュリズムの台頭は抑制される。

先ほどポピュリズムは経済が強くて支援を行う国に多いとしたが、経済が弱くて支援を受けたり移民を多く送り出している国でも、ポピュリズムは台頭していることを付言しておこう。それらが旧東欧の社会主義国だったポーランドやハンガリーである。これらの国々は自由な資本主義国になるべく社会主義から離脱して、ＥＵに加盟している。

これらの国でも市場原理主義が導入されて、二一世紀に入ってから貧富の格差が拡大した。庶民の間で経済的に潤っているのは一部の資本家・経営者にすぎないとの認識が高まり、低所得者対策を主張するポピュリスト政党が勢いを持つようになった。これらの党はむしろ左翼ポピュリストと称してよい側面もあるが、中東からの難民が大量に流入した際にそれを各国が平等に受け入れてほしいとＥＵ本部が提案したとき、東欧諸国は拒否する行動に出たので右翼ポピュリストの顔をも保持しているといってよい。

ポーランドやハンガリーという旧社会主義国の政治経済は左翼と右翼が交錯する不安定な状況を示しているが、これらの国の事情に疎い筆者なのでこれ以上言及しないでおく。ここでわかることの一つは、左翼にせよ右翼にせよヨーロッパ全体（すなわち、北欧、中欧、東欧）においてポピュリズムの考え方は無視できないほどの一つの勢力になりつつある、ということである。

❖反ＥＵという反グローバリズム

一国内での格差拡大、ＥＵ域内での国家間格差の拡大は、ＥＵ内の人々に政治・経済への不満が高まることを促した。もとより不満の原因の一つは移民・難民の流入による自国民の雇用への脅威であり、あるいは人種差別意識の高まりなどとも重なって、グローバリズムへの嫌悪感がヨーロッパで強くなった。この嫌悪感は反ＥＵという形で具体的に高まったのである。

ヒト・モノ・カネの移動の自由を促すグローバリズムの具体像であるＥＵは行き過ぎた、との認識が人々の間で高まった。それはナショナリズム（国家主義あるいは国民主義）の高揚といってよく、国家の枠ないし壁を外しすぎたＥＵを元の姿に戻して、それぞれの国家、例えばドイツ、イギリス、フランス、デンマーク、オーストリアなどの国の独立性、独自性を確保しようという動きとなる。国民の間で自分はドイツ人だ、フランス人だ、ベルギー人だ、という国民国家意識が高まり、逆に自分はヨーロッパ人だという意識が弱くなったことを意味する。ＥＵに加盟していてもメリットがない、と多くのヨーロッパ人が感じ始めたのである。

ここでＥＵ全体の国を見渡して、どういうことへの不満なり信頼のなさが、ポピュリスト政党への投票行動にヨーロッパの人々を走らせたのかを見てみよう。ＣＥＰＲ（Centre for Economic Policy Research：ヨーロッパ経済政策研究センター）が研究報告を出しているのでそれを見てみよう（Rodrik 2017参照）。**図２－１**は各国の国民議会への信頼度、ヨーロッパ議会への信頼度、ヨーロッパ統合論に関して、国民のポピュリスト政党への投票との関係を示したものである。

この図によると次のことがわかる。国民議会への信頼度が低くなるほど、ポピュリスト政党は高い得票率を得ている。ヨーロッパ議会への信頼度に関しても同じで、信頼度が低いとポピュリスト政党の得票率が高くなる。ヨーロッパ統合に対する見方においても、統合に反対する度合いが強いほど、

図2-1　ポピュリスト政党への投票と，各国制度・EU制度に対する信頼感との相関

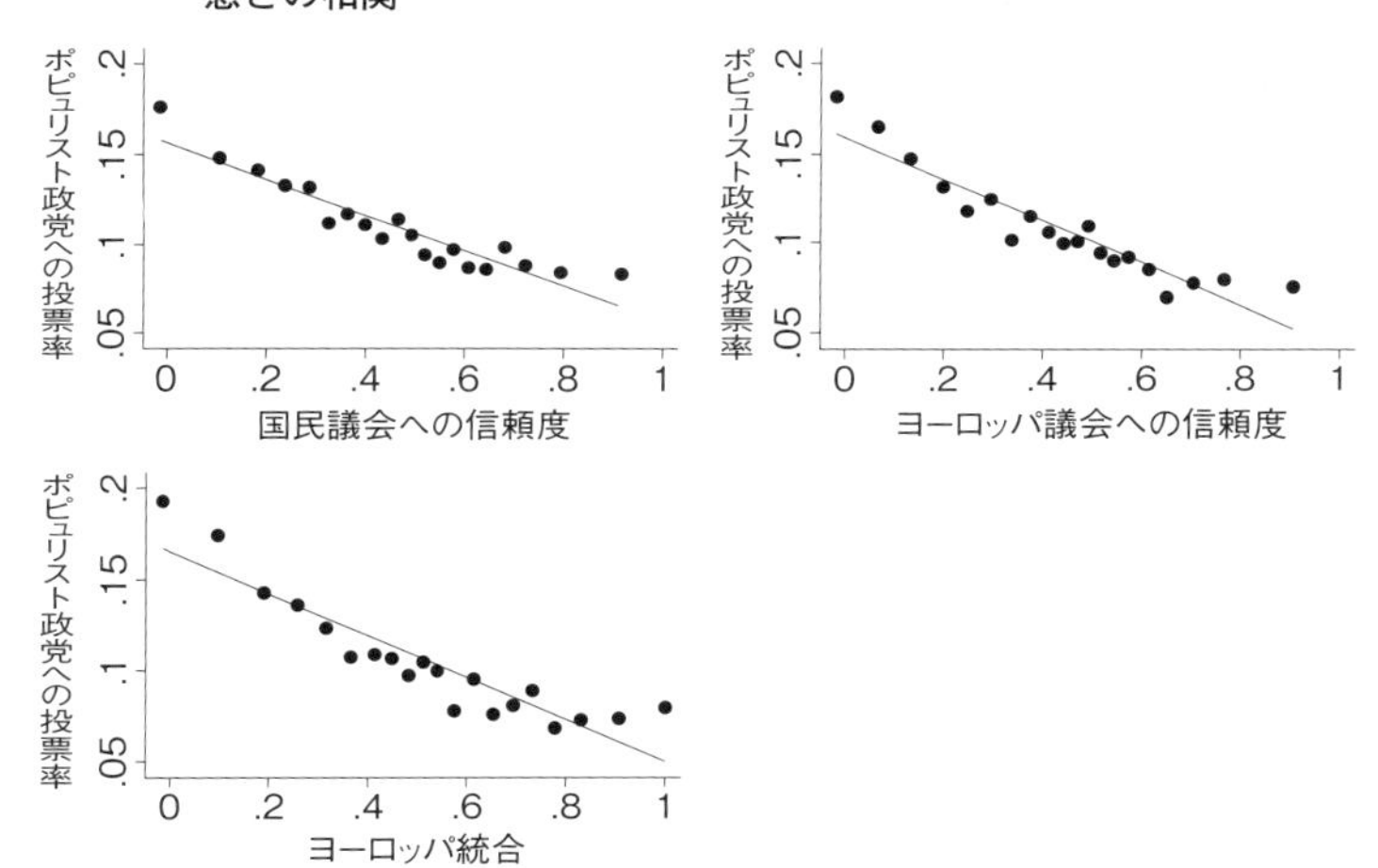

注：図はビンの散布図と，OLS回帰に基づく線形回帰直線を示す。各パネルの縦軸は，ポピュリスト政党に投票する確率を示し，横軸は，それぞれの態度における変数の値を示す。各点は，各ビン内におけるX軸変数とY軸変数の平均値を表す。ビンを計算するため，X軸の変数は，同じ規模の20のグループに分割している。

（出所）European Social Survey（ESS）に基づきロドリックが計算。（Rodrik 2017）

ポピュリスト政党は高い支持を得ている。これら三つの観点とポピュリスト政党の得票率との関係は、ｔ−値で判断する限りすべて統計的に有意なので、信頼性のある統計による実証結果となっている。

誰がこのような投票行動をとるかを調べると、ＣＥＰＲによれば、高齢者と学歴の低い人ほどポピュリスト政党に投票する確率が高いと主張している。一般に高齢者は長い期間自国に住み、かつＥＵの存在に慣れているので、不満はないだろうと想像されがちであるが、この想像は間違いであると示唆している。高齢者の不満と信頼のなさは意外であるが、自国やＥＵの制度疲労感がその理由である。むしろ若者はそう思っていないので、高齢者がいなくなると将来のヨーロッパ各国、そしてEUは健全な姿に戻るかもしれない。

学歴の低い人に関しては次のような考察ができよう。格差社会の進行する現代において学歴の低い人は低所得者が多い。自分たちの不遇は社会と政治のせいと思っているので、各国政府やEUに不満を抱くのである。これに加えて、ヨーロッパには移民が多く流入しているので、自分たちの仕事が移民に奪われているとの認識があることも、不満を高めているもう一つの理由である。

トッド（二〇一六a、二〇一六b）はこの反EU、あるいは反グローバリズムの動機の一つとして、強くなりすぎたドイツへの抵抗感を強調している。ドイツがヨーロッパを支配している現状への不満がヨーロッパ内で高くなり、イギリスのEU離脱の要因の一つもそれにあるとトッドは主張している。いわれてみれば、イギリスはギリシャほどの支援をドイツから得ているのではないが、EU内の覇権においてドイツより一歩遅れたという認識が、イギリス国民の間で浸透するようになったのは確実である。域内での格差拡大のことを述べたとき、支援してもらっているギリシャ国民でさえも、ドイツに対して好感を抱いていなかったことを思い出してほしい。

興味深いことは、EU内の三大大国、すなわち英独仏の中において、フランスがどのような行動を取ったかである。ヨーロッパ千年の歴史は、何度かにわたる独仏の対立、あるいは戦争によって物語られるので、独仏関係は注目に値する。EUでユーロという共通通貨を導入したときイギリスは参加しなかったので、独仏の方がEU内ではより重要な地位を占めていたと理解してよい。

後に詳しく述べるようにフランスの右翼ポピュリズム、すなわちルペンのFNはEU離脱を国民に問う国民投票を行うと大統領選で公約として掲げたので、反EUのスタンスにあるのは事実である。しかし親EUのマクロン大統領が誕生したので、現在のフランスはドイツに対しても好感を抱いている数少ない国の一つと理解してよい。もしフランスが脱EUに走ることになると、ドイツだけではEUを統治できず、EUは崩壊の道を歩むこと必至である。

もとよりフランスのみならず、オーストリア、ベルギー、デンマークなどの小国にも、反移民と反グローバリズムを支柱にして、反EUを掲げる右翼ポピュリズムの政党がある。これらの国で政権が代わるようなことがあると、小国の離脱とはいえそれが相次げばEUの崩壊につながる。

いろいろな国の反EU、反グローバリズムの動きを考えたが、後の章で詳しく論じるように、背後には自由貿易主義への懐疑と保護貿易主義への傾斜がある。これは優れて経済の問題であるし、反EU、反グローバリズムの底流でもあるので、詳しく検討する。

❖反エリート主義

格差拡大が今日の特徴とすれば、上層にいる人と下層にいる人との間で、いろいろな軋轢(あつれき)の発生することは、人間社会では当然である。ここでは上層にいる人をエリートと称しておく。社会での支配層とみなしてもよい。これらの人を無視する、信頼しない、あるいは貶める行動さえありうることを、反エリート主義と名付けておこう。

どういう人がエリートかといえば、経営者、政治家、高級官僚、管理職・専門職といった人々で、通常は所得が高く、かつ組織や社会におけるリーダー、指導者ないし統治者である。こういう人が人民の期待する行動をとってくれれば、エリートへの反感など起きないのであるが、今日では必ずしもエリートや支配層が好ましい行動をしないので、反エリート主義が台頭するのである。特に右翼ポピュリストの間でこの反エリート主義の思いが強い。

なぜかといえば、エリートなり支配層は自己の利益の確保、ないし増大を画策しているだけで、非エリートという人民のことを考えて企業、政治、組織の経営なり運営を行っていないのが常であるとの認識があるからによる。

これまでのヨーロッパであれば、中道右派なり中道左派の政党が政権を担当してきたが、右翼ポピュリズムはこの両者ともをエリートとみなして、既成権益の確保のみに走ってきたとみなしている点に特色がある。

例えば労働組合の幹部は通常は中道左派政党の支持者であるし、リベラル派の知識人や学者もその支持者であるが、実態は恵まれない人民を助けることに主眼をおいていないとして、こういう人々を右翼ポピュリストは忌み嫌うのである。本来ならば格差の下にいる人、恵まれない人民の味方になってくれそうな人々なのに、実質は自分たちの利益ばかり追求しているとして労働組合の幹部、中道左派の政治家、高学歴のリベラル派の知識人も槍玉に挙げられるのである。

例を示そう。二〇一六年のアメリカ大統領選挙の民主党候補だったヒラリー・クリントン、イタリア民主党で首相だったマッテオ・レンツィ首相である。両者は中道左派の政治家とみなしてよい。クリントンはポピュリスト・トランプに大統領選挙で敗れた。一方のレンツィ首相は興味深いことに、あたかもポピュリストのように大衆迎合のような手法を取り入れた政治を行って支持を求めたが、真のポピュリズム（例えば五つ星運動など）のように反ＥＵや反グローバリズムを掲げる政党に敗れた。水島（二〇一七）は、レンツィは政治手法だけのポピュリズムなので、「疑似ポピュリズム」として、五つ星運動のような真正ポピュリズムと区別している。

4　ヨーロッパ各国での右翼ポピュリズム

(1) フランス

フランスをまっさきに取り上げ、しかもかなり深く議論する理由は次のようなものである。第一に、ヨーロッパでは最初にポピュリズムが産声を上げた国である。一九七二年がＦＮの結成なので、四〇年以上の歴史があり、探究の価値が大きい。第二に、旧植民地時代からの歴史的な経緯により、中東やアフリカ諸国からの移民が多く、多種の人種や宗教から成る国なので、右翼ポピュリズムの芽生える可能性があった。しかし伝統的に人種差別は他国と比較すると強くないので、それらの効果の吟味は貴重な資料となる。第三に、フランスは大国であるし、その動向は影響力が大きいので、特に分析の価値が高い。第四に、筆者自身がフランス滞在の経験があるし、経済や社会の知識が多少はある。

フランスのポピュリズムについては、水島（二〇一六）、ミュラー（二〇一七）、國末（二〇一六）から知り得たし、筆者の見聞も加えた。

フランスでなぜ右翼ポピュリズムが早い時代から起きたかといえば、それはフランス特有の人種問題と宗教問題に発端がある。フランスには、旧植民地における人々が多く流入していた。特に北アフリカや中東地域のアラブ人はイスラム教徒であり、キリスト教のカトリック信者が大半のフランス人とは、人種対立のみならず、宗教対立が一九八〇年代あたりから顕著になった。ライシテ（laïcité）と呼ばれる政教分離政策が、フランス社会では成立していたので、イスラム教徒は私的生活では自由な宗教活動を行っていた。しかし一九八〇年代末期から一九九〇年にかけての「イスラム・スカーフ事件」で象徴されるように、イスラム教の女生徒が学校でスカーフを着用することが法律で禁じられたのである。フランスの学校という公的場所において、私的なイスラム教のスカーフ着用を禁止したのであり、政教分離の精神が危うくなり、イスラム信者の反感が高まり、抵抗を始めたのである。もとより「スカーフ事件」は象徴にすぎず、現実の社会ではアラブ系の人々が暴動やテロ活動を行うようになり、これに極右の人々の怒りが強くなった。

以上の人種と宗教の問題に加えて、政治の分野でも極右が人気を得る要因がある。それはフランスの中道右派と中道左派の政権がたらい回しをしているだけで、人々の生活は少しもよくならないとか、失業率はなかなか低くならないという、経済への不満が大きかったことである。既成政党への政治不信が強くなっていた。

経済不振のもう一つの理由として、反EUあるいは反グローバリズムが挙げられることがあるが、フランスはむしろEUによる農業製品の価格維持政策によって農民が恩恵を受けていたので、反EUの動きは強くなかった。むしろEUの中で最強の経済力を誇るドイツと比較して、フランス経済の弱さを国民が嘆くようになったことが大きい。これはフランスの支配層、すなわちエリート層がふさわしい仕事をしていないという見方を生むことにつながり、エリートである経済人や官僚・政治家への信頼度が低下したのである。

フランスのポピュリズムを語るときは、ルペン父娘（父はジャン＝マリー、娘はマリーヌ）を避けることはできない。一九七二年に父親が極右政党（FN）を創設し、翌年に国民議会に進出したので、もう四五年ほどの伝統を誇る政党である。若い頃から極右の思想の持ち主で、軍人の経験もある。旧来のフランス極右勢力は王党派、人種主義派、親ナチス派、頑強な反共産主義派など、様々な思想なり主義の勢力がいたので統一性がなく、フランス政治の中では存在価値がなかった。そこでジャン＝マリーは極右勢力を統一して、政治勢力としての地位を高めようとした。一定の効果は見られたが、それでもまだ弱小勢力から脱し切れなかった。むしろ一九七〇年代、八〇年代は共産党という極左勢力の方がはるかに強く、それがフランス政治の中でも一定の存在意義のあったことを強調しておきたい。

とはいえ七〇年代後半からFNは徐々に力を強くして、支持率を高めた。その理由は、移民増加に対するフランス国民の嫌悪感と失業率の高まりによる経済不振、そして既成政党への不信感などであった。選挙における得票率も一〇％前後に達するようになり、政党として認識される度合いも高まった。その裏には今まで一定の得票率（二〇〜三〇％）を保っていた共産党が支持率をかなり下げた事実がある。これは決して共産党支持者がFN支持者に鞍替えしたのではない。①極左（共産党）から中道左派へ、②中道左派から中道右派へ、③中道右派から極右（FN）への支持と、一部の人々が変化した、という三つの合成によって、結果として極左（共産党）が減少し、極右（FN）が増加したのである。これを別の言葉で表現すれば、国民の左翼から右翼へのシフトが何十年間にわたって徐々に進行したのである。国民の保守化傾向といってよい。

二〇一一年にジャン゠マリーの三女、マリーヌがFNの党首に選出された。マリーヌは父の採用した人種差別的な政策を排除したし、父親の強硬な保守主義から離れるために彼を除籍処分にしてまで、穏健な右翼路線に変えて国民の支持を増やそうとした。それが功を奏したのか、二〇一七年の大統領選挙では第一次投票では第二位となり、決選投票にまで持ち込んだが、決選投票ではマクロン候補に敗れたのである。

ここ数年の間に大都会において富裕者を襲う事件が多くなり、人々を危機意識の中に陥れた。その象徴的事件が二〇一五年一月のパリにおけるシャルリー・エブド社襲撃事件や、二〇一六年七月の南仏ニースにおける、八六人の死亡、四〇〇人以上の負傷者が出たテロ事件の発生であり、これらは国民に反イスラム、反移民の感情を高めるのに貢献した。極右政党FNの支持者の増加を促したのはテロ事件の続発であった。

（2）オーストリア

フランスのような大国でないオーストリア、ベルギー、オランダという三国の右翼ポピュリズムの動向は重要なので、ここで論じてみる。

オーストリアはナチスドイツと同じ歴史を持つので、戦後もこの流れが残っていて、元ナチ党員が中心となって「独立者同盟」が戦後に形成された。戦後の民主化の流れが圧倒的に強かったので、この極右勢力は非常に弱かった。この同盟が一九五六年に党名を変更して自由党となり、反共産主義とドイツ・ナショナリズムを標榜するが、まだ弱小にすぎなかった。

自由党が首をもたげるようになったのは、一九八六年にハイダーが党首になってからである。両親ともにナチス党員だった家系であるし、若い頃から政治家として頭角を現していた。ポピュリスト政治家の典型としてマスメディアに頻繁に登場して知名度を上げたし、主張を述べる際も魅力を振りまいて、一般人の支持を受けることができるような政治アピール能力に長じていた。主張の柱は当然のことながら、移民と難民の排除策であった。ついに一九九九年の選挙では、国民党（中道右派）と社民党（中道左派）の二大政党の中に食い込んで、国民党をしのぐ第二党の勢力となった。翌年の二〇〇〇年には国民党と連立を組んで政権担当をするようになった。

その後自由党は内紛を経験するし、国民党との連立内閣も不協和音が強くなり、二〇〇二年に自由党の閣僚は内閣を去った。二〇〇八年にはハイダーが自動車事故で急死し、自由党は後継者の党首・シュトラッヘの下で存在感を強めた。二〇一六年の大統領選挙では第一次投票で自由党の党首、ホーファーは首位の得票率となった。第二次投票では敗戦したが、ここまで極右勢力が伸びたことは、世界的な注目を浴びた。当時イスラム国のテロが猛威を振るい、中東諸国から大量の難民がヨーロッパに流れ込む時代になっており、移民・難民問題が追い風になったことはいうまでもない。

二〇一七年の総選挙は、第一党の中道右派と極右政党による連立政権が成立した。小国とはいえ、ポピュリストの極右政党が政権の一翼を担うことは、将来のヨーロッパ政治に影響を与えること必至である。例えばオーストリアがＥＵ離脱を言い出せば、ドミノ理論で他国に波及するかもしれない。

（3）ベルギー

ベルギーでの右翼ポピュリズムは伝統的な極右思想に加えて、もう一つの重要な特色があるので、他の諸国とは異なった視点からも論じられる。それは国内における地域間対立、そしてそれに付随する言語の問題である。具体的には、北西部のフランデレン（フランダース）地域でのオランダ語（フレミッシュ）圏の人々と、南東部のワロン（ワロニー）地域でのフランス語圏の人々との間の対立が深刻だったことが、政治の世界に大きな影響を与えた。すでにスペインのカタルーニャで述べたように、言語の問題はポピュリズムあるいは民族主義を語るときには、無視できない問題である。

ベルギーは一八三〇年にオランダから独立した国家であり、当時から地域間対立と言語問題が深刻であった。独立した当初からしばらくの間はワロン地域がフランデレン地域よりも経済力が強かったので、政治の世界においてはワロン地域の人々、言語においてもフランス語が支配的であった。このことはフランデレン地域の人にとっては不満の種であり、フランデレン民族主義運動やオランダ語の公用語化の運動が、すでに一九世紀末から始まり、二〇世紀に入ってからも続いた。当時のドイツはナチズムの台頭があり、その影響もあってこれらの運動は極右思想を基本にしていたので、右翼ポピュリズムの特質を有しているのである。この両者の対立は歴史上においてのみならず今日まで続いている。

フランデレン運動は当初はＶＵ（人民同盟）という政党を持っていたが、その後変遷を経て一九七〇年代にＶＢ（フラームス・ブロック）という政党になった。選挙での得票率は一〇％前後にすぎなかったが、その後一九九〇年代にＮ－ＶＢ（新フラームス・ブロック）となり、二〇〇四年にはフラームス・ベランフと改称（略称はＶＢのまま）、二〇一〇年には第一党になるまでに成長した。この間にヨーロッパ全体で移民・難民の増加のあったことが、ＶＢの伸長を促したことはいうまでもない。

ＶＢの政治戦略について水島（二〇一六）、松尾（二〇一四、二〇一七）が優れた分析を行っている。ベルギーの政治は思想としての中道右派と中道左派、そして地域・言語としてのフランデレンとワロンによる多党分裂ではあるが、政権担当はそれらの政党の合意による連立政権のときが多かった。それは合意型ないし多極型民主主義と称されるが、ポピュリズム政党はこの連立政権には入らないという伝統があった。それは安易な妥協を許さないし、自分たちの主張（保守主義と移民・難民の排除）をあくまでも守りたいとする政治スタンスが一般的だからである。ＶＢはこの姿勢が好まれて選挙では強く、むしろ他の政党がＶＢの躍進に恐れを抱いて、ＶＢの主張する政策に近いものを取り入れて主張するようになった。

本書は経済の本なので経済に注目すれば、二〇〇八年頃のユーロ危機に端を発したベルギーの金融機関や企業の経営不振を立て直すために、ＶＢは企業支援策、例えば公的資金の導入や法人税の減税といった政策を打ち出したことが興味深い。本来ならば移民・難民の排除、フランデレン地域の自立・独立やオランダ語の尊重といったポピュリズム特有な政策政党であるが、国の経済を強くするための政策をも主張して、国民や財界の支持を期待したことが、新しいベルギー型ポピュリズムとみなしてよい。

（4）オランダ

オランダを右翼ポピュリズムの視点で議論することは、二つの点で価値がある。第一に、オランダはリベラル思想が普及した国であり、本来は人種や移民に寛大であった。さらに、ＬＧＢＴといった性の問題や麻薬、あるいは安楽死といった問題において、人の自由を尊重して規制が弱い国であった。第二に、経済に関してであるが、一昔前は失業率の高さで苦しんでいたが、一九九〇年代に入ってから中道右派と中道左派の連立政権が経済政策で、失業率を劇的に下げる成功を収めた。それは「オランダモデル」と称されるほどユニークな政策であり、ワークシェアリング、同一価値労働・同一賃金などに代表されるものである。

しかしオランダでは移民の数が増大したし、あまりにも寛大な移民政策に国民の不満は高まり、ピム・フォルタインを党首とする極右勢力が二一世紀に入って力を得るようになった。特に反イスラム主義を掲げて、ある程度の支持を得た理由は、イスラム教による政教分離のあいまいさ、そして女性が不当に差別されている事実を根拠にしたためである。ヨーロッパでは政教分離と男女平等が成立している事実を逆手にとって、イスラム教の非人間性を問題にしたのであり、イスラム文化に侵食されるヨーロッパの危機を訴えたのである。

ここでフォルタインの人物としてのユニークさを述べておこう。頭をツルツルにして、しかもしゃれた服装でメディア（特にテレビ）に登場して、その派手な姿が注目を浴びる要因であった。メディアでの発言も人の注目を集めるような目立つものがあり、既成政党のだらしのない姿を批判したのである。これこそがポピュリストの一つの顔である。

ところが二〇〇二年五月にフォルタインは暗殺された。その後いろいろな右翼ポピュリズム政党が出現したが、ヘルト・ウィルデルスが党首の個人名を冠した政党が発展して、自由党という極右政党が勢力を得たのである。この自由党の誕生を促したのは、ウィルデルス党が二〇〇五年の国民投票で注目を浴びたのが契機である。

この国民投票は右翼ポピュリズムを理解する上で重要である。ＥＵが加盟国に共通の憲法の制定に走ったことはすでに述べたが、それが各国で批准される必要があった。国会での批准は難なくされたが、全国民の投票による国民投票はなんと六割の反対で否定されたのである。これが世界に衝撃を与えたのである。

この選挙で反対の論陣を張ったのがウィルデルスであり、ＥＵの官僚主義・エリート主義、トルコのＥＵ加盟に反対して、反グローバリズムを旗印としたのである。これこそが右翼ポピュリストの特色を物語るに恰好な例となる。第一に、マスコミで訴えるにふさわしい弁舌さわやかで目立つことのできる指導者の存在、第二に、反官僚・反エリート主義、第三に反グローバリズム、第四に間接民主主義に頼らずに国民投票という直接民主主義での成功が大きいこと、第五に、背後に反イスラムで象徴される反移民・反難民のスタンス、などである。

ウィルデルスの自由党は二〇一〇年の選挙で第三党となり、連立政権に参加することはなかったが、閣外協力として政府与党となった。協力の相手は当然かもしれないが中道右派の政党である。

(5) デンマークとスウェーデン

福祉国家として有名な北欧諸国においても、右翼ポピュリズムが一定の勢力を有する時代になっている。福祉が充実し、格差も小さいこれらの国では、時折中道右派が政権を担当することもあるが、基本的には中道左派の社会民主党が政権を担当してきた。国民は寛大な福祉の給付を、負担する高い税・社会保険料を容認してきたし、格差拡大を望まない平等主義の国民であった。

ところがこれら北欧諸国においても新しい問題が勃発した。それはヨーロッパ特有の移民・難民の流入である。これまで福祉の提供は外国人にも寛大で差別はなかったのであり、国籍を問わないのが原則であった。しかし多数の移民・難民の流入は、社会保障制度の財政悪化を生み、こういう人々にまで福祉を提供してよいのか、という声が極右政党を中心に起こった。これらがデンマークの進歩党、スウェーデンの新民主党といったポピュリズム政党である。

もともと福祉国家論においては、福祉の提供を自国で生まれながらの国民に限るのか、新しく国に入ってきて自国で住んでいる人も加入させるのか、というのは大きな論点であった。北欧諸国は後者を原則としてきたのが伝統であったが、市民でない外国人にまで含めるのはやりすぎではないか、というのが北欧諸国での右翼ポピュリズムの主張である。この論点で重要なことは、生まれながらの国民には、従来通りの充実した福祉制度に加入することを続けるし、福祉サービスの水準を下げないというのが、右翼ポピュリズムのスタンスである。従って福祉国家であり続けることを容認し、排除すべきは外国籍の人だけであるとの主張である。

ここで強調すべきことは、アメリカ、イギリスといったアングロ・サクソンの国々、そして日本での新自由主義に立脚した福祉への懐疑主義、あるいは福祉の充実は人々を怠惰にするし、負担の増加は経済運営にとってもマイナスであるとの反対論は北欧では弱く、福祉国家への信頼は今だに揺らいでいない。サービスの恩恵を受けるのは自国民に限るべきで、外国人は別であるとの認識を、北欧の右翼ポピュリズムは主張しているだけである。

右翼ポピュリズムは北欧で政権を担当したことはないが、例えばデンマークの進歩党のように閣外協力で与党となったことはある。移民・難民がもっと増加すれば、北欧の福祉制度は変わるかもしれないし、移民・難民の受け入れ拒否の声が強くなるかもしれない。

（6）スイス

特殊な国スイス　ポピュリズムがよく主張する制度として、国民投票（レファレンダム）の提案がある。これは直接民主主義の精神を生かすために、国民全員がある特定の政策に関して投票を行い、多数（五〇％を超える得票数）によって議決を目指す制度である。民主主義の原則は多数決原理なので、全員の議決で決めるというのは単刀直入でもっともわかりやすいものである。もう一つの方法は間接民主主義と呼ばれるもので、国民全員が少数の議員を直接に選挙で選び、それら議員、代理人が国会などで法案や政策を議決する制度である。

直接民主主義は人口の多い大国ではなかなかできないが、ごく最近ではイギリスでEU離脱をめぐって国民投票を行ったので、コストと手間をいとわないのなら不可能ではない。しかし基本的には、直接民主主義は小国や、あるいは一国内の州や市町村単位で実施することが多い。日本では地方公共団体において住民投票によって議決することがあり、これも直接民主主義の一形態である。ここで紹介するスイスは、国民全員による国民投票が時折実施されるので、検討してみたい。間接民主主義は日本も当然として多くの国で実行されているのは皆の知るところである。直接民主主義はコストと手間がかかるので頻繁に実施できないからである。しかし大統領制の国では、大統領選挙は直接民主主義の適用ともいえる。

先ほどポピュリズムは国民投票を好むと書いたが、なぜポピュリズムないしポピュリストがそのような発想をするのかを考えておく必要がある。第一に、ポピュリズムはいわゆるエリートを嫌うと、何度も述べた。国会議員はエリートの代表選手なので、そういう人に法律や政策を決めてもらうのを避けたい気持ちがある。しかもそういう議員は自分の利益を優先させる行動に出て、民衆の希望通りの意向を反映させない行動をとることが結構ある、と知っているからである。

第二に、ポピュリストは自分に自信があるとか人気があると思い込んでいるので、自分の主張に国民一人ひとりが賛意を示してくれるのではないかと期待している。その背後には代理人や議員だと自分たちの主張通りに投票してくれない可能性があるという予想や、党利党略に縛られて議会では、別の投票行動に出るかもしれないという恐れがある。さらに、議員は官僚や行政と癒着しているので、官僚などの意向に説得されて、有権者の希望通りの投票をしてくれないとか、行動してくれないと思うからでもある。

第三に、ポピュリストはテレビ、新聞、雑誌などのメディアを通じてよく自分の主張や考えをわかりやすく披露しているので、国民はそれをよく理解しているに違いないと思っている。従って日頃自分のいっている主張を、国民一人ひとりはきっと賛成してくれるだろう、と信じる傾向がある。

このような理由でもってポピュリストは国民投票を好むのであるが、では国民投票をよく使う国としてスイスを例に検討して、なぜこういう国が国民投票に踏み込むのか、ということを知っておこう。

スイスの歴史や現状については、八木（一九八〇）森田（一九九四）から知り得た。この国を語る上で重要な点は次のようなものである。第一に、国は連邦制をとっていて、カントンと呼ばれる二六の州が連邦国家を形成している最小の政治単位である。連邦議会は当然存在するが、二院制である。すなわち二〇〇議席の国民議会と四六議席の州代表者で構成される全州議会の二つである。州政府がかなりの権限を有しており、連邦議会の決定に州が応じないこともありうる。

立法府が連邦政府（内閣）を兼ねており、連邦議会で選出される七名の連邦参事によって行政府の執行がなされており、それぞれの参事が各省庁のトップの責任者となる。そういう人を大臣とか閣僚と呼ばない不思議な国である。大臣や閣僚などと称すれば何か偉い人となり、権限を持ちすぎた感を与えるので、そう称するのを避けているのかもしれない。

第二に、国民はドイツ語、フランス語、イタリア語、ロマンシュ語を話す多言語国家である。ドイツ語圏の人が六四％、フランス語圏の人が二〇％、イタリア語圏とロマンシュ語圏がそれぞれ六％、〇・五％と少数である。宗教はカトリックが四三％、プロテスタントが三五％の両者が多数派であるが、他の宗教の人が二〇％弱もいる。こうして言語、宗教が複雑に入り乱れているので、連邦国家でありながらカントンを中心にした州内の同一性の高い国家なので、州の権限が強いのはよく理解できる。

第三に、連邦政府の権限を抑制するために設けられたのが、国民投票の制度である。これに関しては水島（二〇一六）に詳細な解説があるので、それに依存する。一八七四年の憲法で義務的国民投票制が定められたというから、およそ一五〇年の歴史を有する古い制度である。スイスが統一国家として成立したのが一八四七年であるから、国民投票制の成立は国家統一の二七年後という短い年数の後であった。この義務的国民投票制は憲法改正や集団的安全保障、大きな外交条約などの国家の根幹に関することに付される。国民全員の有効投票数の五〇％越え、カントンのうち半数以上の賛成が可決の要件である。国民と州という二つの多数決が必要なので、かなり厳しい要件であるし、ここからも連邦国家の特色（すなわちカントンの独自性の尊重）がよくわかる。

義務的国民投票以外に、任意的国民投票と国民発案（イニシアティヴ）といった国民投票制も、二〇世紀に入ると新しく創設された。前者の任意的国民投票は法律や条約に関して、五万人以上の署名による要求があったときに実行される。この議決はカントンの過半数要件は必要なく、国民全員の投票数だけで採否が決まる。国民発案は一〇万人以上の署名が必要で、案件も憲法改正に関するものだけである。

以上スイスにおける国民投票制の概略を述べたが、まとめとして次の三点を指摘しておこう。第一は、スイスは地域での住民集会や住民投票によって政治なり行政を行う歴史的な伝統があったので、国民投票制を設ける素地がすでに存在していた。

第二に、中央政府の暴走を阻止し、かつ権限を抑制するために国民全員の意向を反映させる政治のやり方に国民の支持があった。換言すれば、直接民主政治への信頼が国民の間で強かったのである。

第三に、よく知られているようにスイスは永世中立国を宣言している。平和を愛する国家として戦争にコミットせず、しかも大国間の紛争から距離をおいた政策を常に行っている国である。これは昔から外敵の侵入に悩まされて困り果てた歴史の繰り返しからの国民の希望でもあり、小国であるからどの大国にも与（くみ）する必要がなかったのである。本書はポピュリズムと経済に関する書物なので、永世中立の平和国家のスイスについてはこれ以上言及しない。

国民投票とポピュリズム　国民投票制の定着したスイスにおいて、ポピュリズムはどのようにして発展したのであろうか。

国民投票制の存在は為政者、あるいは政府にとっては脅威となった。国民投票に付すと、ほとんどの案件が否定されるという現象が起こったのである。あるいは野党にとっては政府の提案する法律や政策を、議会では不可能であるが、国民投票で否定に持ち込むことが可能なのである。例えば一八七五年からの一〇年間、一四の法律のうち、任意的国民投票によってなんと一一の法律が否定されたのである。しかも、一九五〇年代から七〇年代の三〇年間、国民発案のすべてが否決された歴史もある。

与党の提案する法律であるから、国民の多数派は賛成すると予想されがちであるが、なぜ国民投票で否決されるのか、筆者によるいくつかの解釈を提案しておこう。第一に、国民のうち、賛成者は、可決されるだろうと予想して当日は投票所に行かない人が多いとみなしてよい。一方の反対者は、絶対に反対したいという希望が強いので、必ず投票所に足を運ぶ。さらに賛成も反対もしない、無関心者も投票に行かない。そうすると有効投票数のうち反対票が賛成票を上まわって、多数派になってしまう可能性がある。

第二に、法律を作成して国民投票に付す与党側は、自分たちは国会で多数派にいるので国民に支持があると思い込んでいる。そこで多少無理な法案でも国民投票で賛成票を投じてくれるだろうと予想する。しかし国民も馬鹿ではなく、強硬で無理のある法案には反対票を投じることがある。これは与党側が国民の意向を判断ミスしたか、国民を見くびった可能性といってよい。

こうして国民投票は否決の連続の歴史があったので、スイスの政党は可決の道を探すために、次のような手段を取るようになった。それは反対政党をあらかじめ囲い込む作戦である。スイスの政党は、自由民主党、キリスト教国民党、社会民主党、農民・市民党の四大政党であり、単独ではなかなか政権が担当できないので、連立政権が一般的である。与党側に反乱者群がいて党内が一枚岩でないときなど、野党の一部を囲い込む作戦が必要なのである。この作戦はうまく進行するようになり、スイスの政治は一九八〇年代まではうまく機能したのである。すなわち、政治の世界は、連立政権とはいえ、まがりなりにも安定していた。もっと大切なことは、経済の世界においてもスイス経済は、石油危機を乗り越えて順調な状況にあった。平和な国、豊かな国のスイスは絶頂期にあった。

ところが一九九〇年代に入るとスイスにも黒い影が忍び込み始めた。これは他の先進国とも共通していることであるが、低成長時代に入って国民の間に失業率が上昇し、かつ富裕層と貧困層の格差が拡大するようになった。こうなると低所得層の不満が強くなり、社会不安が高まるようになった。

ここでスイス社会に特有な社会現象を一つ強調しておきたい。それはスイスの移民対策である。スイスは国外から移民を導入していたが、彼らに永住権を与えるような政策はとらず、一定期間を過ぎると本国に帰す策を原則として採用していた。他のヨーロッパ諸国ではこれがややあいまいで、当地に居ついてしまう移民の多いことが社会問題になっていたが、スイスは厳格な移民政策を実行していたのである。さらに、スイス国民のあまりやりたがらない仕事を移民に任せていた。

筆者の経験を述べると、スイスの都市では街路の掃除やゴミ集めは移民の仕事であり、朝になると道路にゴミ一つ残されていない美しい街並みになっていた。一方でパリなどでは街路はゴミや動物のフンの山であり、美しいパリのイメージはそこにはまったくなかった。これも厳格な移民管理をやるスイスと、そうでないフランスの差ではないかと、外国人の筆者の得た感想であった。

しかしスイスにも変化が生じた。経済の不振によって、低賃金で雇用できる移民への需要がますます増加するようになった。しかも失業者や低所得者の増加はこれらの人の不満を高め、政治・経済の安定していたスイスに暗雲が漂うようになった。そういう人々の中では、自分の仕事を奪っているのは移民のせいと思い始めたのである。スイス市民は、自分たちのやりたがらない底辺の仕事を移民がやってくれているのにそういう移民の数の増加を嫌うという、自己矛盾を呈するようになったのである。

もう一つは、スイスはもともと永世中立の自主独立路線であったが、EUや国連関係諸機関と連携を持ちたいとする国際派の政治勢力が台頭し始めていた。これに対して一部の国民はスイスの独自性を保ちたいという希望を強くし、ナショナリズムの高揚が見られるようになったのである。

スイス国民党　この二つの思い、すなわち移民への不満と国際化路線への反感に対応した政党がスイス国民党であった。この政党がポピュリズム政党として一九九〇年代から人気を博するようになったのである。この党はもともとは一九七一年に創設されて、農民・市民党から成立した党であるが、極めてマイナーな保守政党にすぎなかった。しかしこの党に、クリストフ・ブロッハーという富豪のカリスマ党首がチューリッヒを地盤に登場し、すでに述べたような移民排斥とスイスナショナリズムを大々的に掲げるようになったのである。

このスイス国民党の伸長に国民投票制が一役買ったことを理解する必要がある。非常にマイナーな党であっても国民投票のときには、自分たちの主張を大々的に国民に向けて伝えられるメリットがある。それにカリスマ性を持つ党首が演説やテレビなどのマスコミで自己の党を大々的に宣伝すれば、国民は支持するしないにかかわらず、気になる党になる可能性がある。しかも、スイス国民の低所得階級の持つ移民に対する不満や、ナショナリズムをくすぐる声を発すると、かなりの有権者の支持を受ける源になりうる。

スイス国民党を飛躍させた契機は、一九九二年のＥＥＡ（欧州経済領域）の加盟に関する国民投票であった。ＡＵＮＳ（スイスの独立と中立のための行動）という民間組織が一九八六年に設立されたが、この組織がスイス国民党と連携して、ＥＥＡ加盟反対の陣を張った。なんとこの一九九二年の国民投票は七八・七％という高い投票率の下、反対票が五〇・三％の否決であった。スイス国民が国際派の国になることを嫌い、独自路線というナショナリズムの道を歩むと決めた発端をスイス国民党とＡＵＮＳがつくったのである。さらにＥＵへの加盟に関する二〇〇一年の国民投票では、なんと七六・八％で否決であった。スイスは経済同盟を避けてナショナリズム路線で行くという再確認であった。

極めつけは反移民運動であった。「ミナレット建設禁止」条項というイスラム教の寺院の尖塔の建造を禁じる案を、二〇〇九年の国民投票で五七・五%の賛成で成立させてしまった。この事件は世界中でテレビ報道されたので記憶にある。キリスト教の教会における尖塔はスイスで許されるのに、異教徒のそれは許されないという、宗教の自由に反する決定と思われるが、民主主義のもう一つのルール、すなわち多数派原理によるので否定派にも一理はある。

最大の反移民政策は、二〇一〇年の憲法改正と、二〇一四年の移民阻止の国民投票である。二〇一〇年は犯罪を起こした外国人の強制送還を認める法律、二〇一四年は外国人流入に割当制を導入する案であった。スイス国民党はこの二つの国民投票で勝利し、スイスは強硬な反移民政策を実行する国になったのである。筆者からすると、移民は一定期間を過ぎると本国に帰るというように、もともと他国と比較すると厳格な移民政策を採用していたスイスなので、この二つの国民投票による強硬な政策にはそう驚かない。

むしろ重要な事実は、スイス国民党というポピュリズム政党が国民投票という制度をうまく活用して、反移民とナショナリズムを掲げた政策を成功させたのを見て、他のヨーロッパ諸国のポピュリストがそれを見習おうとしたことにある。すなわち、国民投票の実施、反移民政策、開放経済を嫌うナショナリズム、という三点セットの普及である。

第3章 日本型ポピュリズム

1 日本でのポピュリズム

❖政治信条のあいまいな日本のポピュリストたち

これまでの章では主として南北アメリカ、そしてヨーロッパのポピュリズムを対象にして論じてきたが、本章では関心を日本のそれに移す。日本でのポピュリズムは、政治思想や主義の特色からポピュリズムを論じるよりも、どの政治家がポピュリストであるか、という点が注目の的である。

欧米であれば、例えば極右か極左かといった政治スタンス、反グローバリズムや反エリート主義といったこれまた政治や経済における主義や思想、政策の特色への見方などが論点であるが、日本では政治家の名前が前面に出てきて、その人がいかに大衆迎合的であるか、あるいはカリスマ政治家として国民の間で人気が高かったかへの関心が高い。もとより欧米であっても南米におけるペロンやチャベス、ヨーロッパにおけるルペン父娘、フォルタインなどは個性の強い政治家で、カリスマ性が高かったので共通点がないわけではない。

しかし日本の政治家の中でのポピュリストは、さほど政治信条を明確に出さず、むしろ国民から人気を得ようとして、いろいろな術をこらして注目を浴びる手段を取っている人が多い。大嶽（二〇〇三）はポピュリズムを、政治学、政治思想の面から議論している側面もあるが、主とした記述はどの政治家がポピュリストであるかを列挙して、それらの人の行動なり言質がいかにポピュリストとしての証拠として理解できるかに注がれている。代表的なポピュリスト政治家として小泉純一郎と田中真紀子が論じられており、少しウエイトが減少して細川護熙（もりひろ）と小沢一郎が登場している。本章では後に橋下徹と小池百合子を典型的な日本型ポピュリストとして論じる。

❖日本型ポピュリズムの特徴

大嶽（二〇〇三）を一読しての感想をここで述べておこう。これからの記述は感想のみならず、日本型ポピュリズムの総合評価と、筆者独自の見方が述べられていると理解してほしい。

第一に、日本におけるポピュリズムは、欧米と異なって極右、極左の政党とはほぼ無縁の世界にいることに気がつく。日本では極右といえば、無視することはできない程度の影響力を持つ有名な思想家はいるが、政党としてはまだ一般に認知されている数が少ない。例えばドイツにおける旧ナチス党の復活、フランスにおけるFNといったように社会で活躍しているという政治勢力はない。一部に天皇制の復活によって旧皇国のようになれ、との主張も聞こえるが、まだ影響力はとても小さい。

極左に関しては日本共産党がこれに該当すると思われるが、暴力革命によって社会主義の国になれとは主張していないし、民主政治の下で社会主義の国を目指せという主張をしているように映るので、これまた極左という色彩は薄い。さらに最近は左翼の思想を弱めて国政選挙での得票率を伸ばしているので、存在感は高まっている。むしろ旧社会党、現社民党の退潮が苦しい。日本共産党の躍進はフランス共産党がここ数十年、得票率を減少させているのと好対照である。

以上をまとめると、日本では極右と極左の政党はさほど勢力を持っていないので、南米やヨーロッパで見られるような極左や極右の政治思想を有したポピュリズムの影は薄いということになる。

第二に、そのため日本でのポピュリズムは、中道左派や中道右派といった過激な政治思想を有しない政党なり政治家によって示されるというのが特色となる。あるいはもう少し細かく言えば、保守政治家の中での存在が多く見られるということになろうか。

ここで述べたことを誇張すれば、日本では政治信条や思想とはさほど関係のないところで、政治行動や言質、あるいはマスコミでどのように現れて発言するかが決め手となることが多い。こういう人々の中にポピュリストとみなせる政治家がいる。繰り返すが本人の政治スタンスを明白に述べない人がかなり存在する。あるいは中道右派と中道左派の政党を渡り歩いたり、政治課題ごとに右寄りの発言をしたり、左寄りの発言、あるいは時にはリベラルな発言をしたり、保守的な発言をしたりして、主義・主張に一貫性のない政治家が存在するのが日本の政治の特色である。

なぜ時に応じて主義・主張を変えるかといえば、ここにポピュリストの存在感があるわけで、人気取り作戦、あるいは人々がどのような主義・主張を持っているかを政治家はよく見ていて、多数派の意向に自己の主義・主張を合わせるという手段をとるのである。これこそがポピュリズムの一つの顔である。換言すれば、政治家であれば選挙に当選するため、政党であれば多数の当選者を出せるような政策を打ち出すのである。

第三に、大嶽がいうように、そして筆者も賛成であるが、今日の日本の政治はテレビの役割が圧倒的に重要である。テレビに頻繁に出て国民がその顔を記憶するようになると、政治の世界に出てきて選挙に当選してしまう人が多いのである。歌手、俳優、スポーツ選手、作家、学者、批評家、キャスターなどのマスコミ関係者、法曹界、など様々な職業を経験した人――それらの人を「タレント」と称するが――が政治家になってしまうのである。これらの人の場合、一部を除いて政治信条なり思想なりが明確でないか、それを持っていてもあからさまにそれを公にしないことが多い。換言すれば、有名人ということだけで政治家になれるのが日本なのである。

そしてこういうポピュリストが常に用いる言葉は、「改革」である。既成権益を享受している人々を攻撃して、こういう人を打ち倒す改革を行うと、何度もテレビ出演の機会で叫ぶか、演説会でも同じようなことをわかりやすい言葉で叫ぶ。庶民の味方であるとの匂いを振りまくのは、まさに反エリートを旗印にするポピュリストの常套手段である。

かといって一〇〇％プロパガンダだけに満ちた人気取り作戦を行うデマゴーグ型の政治家でもない。中谷（二〇一七）が指摘するように、日本のポピュリスト政治家の多くは大なり小なり新自由主義の政治・経済思想に近く、規制緩和策や競争重視策を主張し、政府の役割はできるだけ小さいのが望ましいとする「小さな政府論者」である。むしろ背後に新自由主義の思想を信じていて、それに立脚した政策を、あたかも庶民の味方のような顔をして既成勢力を叩く姿で提唱して庶民の喝采を浴びるのである。ここで述べたテレビの生んだポピュリストにふさわしい日本の政治家は、代表例として橋下徹、小池百合子の二人を挙げておこう。伝統的な視点に立脚して、左翼か右翼かの違いに注目すれば、どちらかといえば右翼に近い政治信条を好む二人でもある。

日本のポピュリスト政治家は確かに右寄り、あるいは保守系の人が多いが、左寄りあるいはリベラル派の人も少数ながらいる。大嶽（二〇〇三）は、田中真紀子は「弱者救済」を政治の目標にしていたと述べているので、左寄りとみなしてもよい。現に最後は民進党（旧民主党）所属であった。ただし彼女はもともとは自民党所属で、小泉純一郎内閣で外務大臣まで務めたので、小池百合子と同様に政党を渡り歩くという、ポピュリスト特有の行動をしたのである。

むしろ筆者は田中真紀子の父・田中角栄との関係を強調したい。橘木（二〇一七）が分析したように、田中角栄は中央と地方の格差を是正したいという政治目標を掲げて、新潟から政治家を目指したのであるから、地方という弱者の地位をもっと高めたいという希望が強かった。「弱者救済」の政治信条といってよい。娘・真紀子は父・角栄のＤＮＡを引き継いで、恵まれない地域や人々の地位をもっと上げたい気持ちがあった。田中角栄は自民党の政治家だったので、左翼あるいはリベラル派とは言い難いが、「弱者救済」の信条は特筆されてよい。政治家の世界は二世・三世が多いだけに、政治信条が家系を通じて遺伝として伝承される事実を銘記したい。そういえば、現首相の安倍晋三は、祖父・岸信介のＤＮＡを引き継いで保守思想の持主である。これはまさに政治信条の遺伝継承の典型である。

2　美濃部亮吉

❖戦後日本の最初のポピュリスト政治家

筆者は戦後における日本の政治家の中でポピュリスト第一号は、一九六七（昭和四二）年に東京都知事になった美濃部亮吉と判断している。日本ではやや珍しく第1章の左翼ポピュリズムの範囲に入れてよい人でもあるので、詳しく検討する。東京都知事はその後、青島幸男、石原慎太郎、猪瀬直樹、舛添要一、小池百合子と、日本型ポピュリストが相次いだ。

美濃部の本職は経済学者であったが、一九六七（昭和四二）年に東京都知事になってから、三選（一二年間）を果たし、知事をやめてから参議院議員（四年間）を務めたので、学者を経てからの政治家ということになる。父は「天皇機関説」で有名な東京帝大教授の法学者であった美濃部達吉である。息子・亮吉は東京帝大で経済学を勉強してから、法政大学や東京教育大学（現・筑波大学）の教授を務めた。彼の経済学は、当時の日本の経済学界では有力であったマルクス経済学であったことを強調しておこう。当時の東大における経済学については橘木（二〇〇九）参照のこと。

美濃部がマルクス経済学者であったことの意義はまことに大きい。資本主義の経済においては資本家・経営者と労働者の間では緊張関係が強く、後者は前者によって搾取されているとみなすので、団結して抵抗すべしというのがマルクスの主たる思想である。換言すれば労働者は弱者とみなしてよく、もし弱者が強者に抵抗できないのなら、第三者、例えば政府、地方公共団体が弱者を保護するなり支援せねばならない、という思想が生まれた。そのための政策として、一つの例が、後に述べる老人医療費を無料にする政策である。

❖美濃部の家系的バックボーン

学者と政治家という一見異なる能力と性格が期待される二つの職業をこなした美濃部亮吉については、この二つの職業をうまくこなせる血筋があったということを知っておこう。それは父・達吉と母の父である菊池大麓（だいろく）からの影響である。

まず美濃部達吉である。彼については橘木（二〇〇九）で論じた。達吉は東京帝大法学部の教授で憲法の講座担当であった。達吉が東大で教える前の憲法学は穂積八束（ほづみやつか）と上杉慎吉の担当で、天皇を絶対化・神格化する思想の持主であった。すなわち日本国家は天皇のためにあるという「天皇主権論」を唱えていた。東大法学部はこのような思想の下にあったが、達吉がもう一つ新しく設けられた憲法学講座の担当となり、そのことが波紋を投げたのであった。

美濃部はいわゆる「天皇機関説」を著書『憲法講話』の中で説いて、「天皇主権説」の上杉と対立する思想を提出した。それが明治末期の頃である。日本の主権は天皇にあるのではなく、立憲君主制の下で天皇は憲法の範囲内で統治する人と考えたのである。すなわち、絶対権力者でもなく、神でもなく、天皇は憲法の規定する範囲内で、議会という制度を通じて国民の同意の下で統治すると主張した。

この美濃部の思想は立憲君主制の基本的考え方を述べたものであり、当時はいわゆる大正デモクラシーの風潮が世を支配しそうな形勢にあったので、「天皇機関説」は有力な学説として認知されるようになった。すなわち、国家の統治権は天皇個人にあるのではなく、統治権の行使を委任された存在とみなしたのである。

時代は大正デモクラシーを経て、昭和の時代に入る。日本では昭和に入ると軍部の力が強くなったし、社会では思想におけるマルクス主義への批判が強くなってきた。軍部が美濃部の「天皇機関説」を好まない理由は、兵隊を戦場で動かす統帥権を天皇が持っているというようにすれば、憲法の下で議会が軍の統帥権より優越しているという矛盾から逃れることができる、と軍幹部が考えたことにある。軍の一部が政治家の生命までねらって、軍国主義の道を歩む気配を示す時代になっており、このことが「天皇機関説」への反対となって結びついたのである。一九三五（昭和一〇）年の貴族院本会議で、「天皇機関説」が正面切って非難されることとなった。軍部・議会・言論界を巻き込んでの社会での大騒動となり、世間を騒がせたということへの責任をとって達吉は東大教授や貴族院議員という公職を辞したのである。筆者は「天皇機関説」は立憲君主制と相通じるところがあるので、まっとうな学説と思う。昭和天皇御自身も「機関説でよいのではないか」と述べられたとする説すらある。とはいえ、当時の社会情勢の下では達吉は左翼あるいはリベラルで過激な思想とみなされても仕方なかった。

次は母親・多美子の父親菊池大麓である。江戸時代の生まれである菊池は、蕃書調所（東大の前身。この学校について詳しくは橘木（二〇〇九）を参照）で学んでからイギリスのケンブリッジ大学で学んだ。専攻は数学であり、帰国後は東大教授、同総長、京大総長、理化学研究所長など、学界での指導者として君臨した人である。学者としての栄達に加えて、菊池にはもう一つの才能があった。それは政治家としての才能である。昔は著名人には勅選で国会議員になることが可能で、二二年間も貴族院の議員を務めた。さらに当時のエリートは官僚の仕事をも兼ねており、菊池は文部省の局長・次官を経て、一九〇一（明治三四）年には第一次桂内閣において文部大臣まで経験したのである。

簡単な略歴からは菊池の秀才振りに加えて、政治的な手腕の持主だったことがよくわかる。繰り返すが当時のエリートというのはいろいろな仕事にコミットしていた。帝大の総長という大組織の管理職、文部大臣という教育行政のトップなどを務め、しかも国会議員までしていたのであるから、管理能力と政治手腕には優れたものがあったと推察できる。菊池大麓の娘・多美子も父親譲りのＤＮＡを保持していたであろうから、美濃部達吉と多美子の間の息子・亮吉は、学者の素質と政治家の素質の両方を兼ね備えた人であったといえる。

❖ 東京都知事として

マルクス経済学者・美濃部亮吉は東京教育大学で研究・教育に励んでいたのであるが、なぜ彼が東京都知事になったのかをいろいろな角度から検討してみよう。

第一に、高度成長期前後の日本における経済学界はマルクス経済学が主流であり、橘木（二〇一四）で示したように資本主義国の日本でありながら、資本主義を認める近代経済学は傍流であった。マルクス経済学者に大物、例えば東大の大内兵衛（ひょうえ）や有沢広巳などが多かったので、たとえ右寄りの政権であっても権威に弱い政府はこういうマル経の人を審議会などの委員に任命して、経済問題のアドバイスを受けていた。美濃部も政府における経済政策のアドバイザーの役に就いていたので、政界・官界では知られた名前であった。

第二に、美濃部はNHK教育テレビで放送されていた「やさしい経済教室」で、やさしく経済問題を解説する仕事を一九六〇（昭和三五）年から六二（昭和三七）年までこなした経験がある。やさしい顔とおだやかな語り口で、人気を博したのであり、マルクス経済学者という堅い思想家を微塵も感じさせないソフトなイメージであった。もう一人の経済学者・伊東光晴もソフトな感じで同じ番組に出ていたことを、当時高校生か大学生であった筆者も記憶している。なぜこのようなテレビ番組のことを書くかといえば、政治家になるにはテレビで名前を売ることが大切だからである。現代ではテレビで名を知られたタレントが政治家になっているケースが多いのであり、当時の彼はその先駆けだったのである。これこそが日本型ポピュリズムの真髄といってもよいほどである。

さらに、革新系の美濃部がなぜ保守系の候補に知事選で勝利したかといえば、次のように要約できよう。一九六四（昭和三九）年に東京オリンピックを終えて、東京都民や国民が興奮を経験して冷静になっている頃に、高度成長期が終了する時期が重なった上に、公害問題や大都会における通勤地獄などが深刻な時代に入っていた。人々は所得の多少の増加を享受したが、生活が快適でないことを感じるようになっていた。東京都民に関しては、水不足という問題が当時発生していたり、一九六五（昭和四〇）年には東京都議会における黒い霧事件（議長選挙をめぐる贈収賄事件）などがあって保守系が人気を失い、都民は政治の変革を望んでいた時代だったのである。革新系の美濃部が知事選に勝つ要因はそろっていたのである。

❖美濃部都政の福祉政策

美濃部都知事の福祉政策については橘木（二〇一八）に準拠する。

もっとも象徴的な事項として東京都の行った制度としては、老人医療の無料化がある。日本の健康保険制度は組合健保、協会健保（現代では協会けんぽと称される）、国民健康保険の三制度がある。第一のものは主として大企業が加盟、第二のものは主として中小企業が加盟、第三のものは引退した人や無業の人が加盟するのである。美濃部都政は七〇歳以上の医療保険加入者の医療費の個人負担費（三割分）を、都が肩代わりして負担するという老人医療費無料化策を導入した。この無料化策は画期的な政策であり、自民党や厚生省は財政負担が大きくなりすぎると当初は反対したが、当時の革新政治が優勢な時代にあってはこの政策に抵抗できず、実施に移されたのである。この無料化政策は革新府政の大阪府のみならず、その後も全国に波及してなんと八割の市町村が実施に踏み切った。

老人医療費の無料化策以外に美濃部都政の行った福祉政策は、老人の都バス・地下鉄などの都営交通費タダ、フロ代や牛乳代への補助金、し尿汲み取り料金の無料化、など様々な分野に及んだ。まさに福祉制度のオンパレードで、高齢者という弱者に対するだけでなく、一般市民への支援策を充実させたのである。他にも都職員数の増大や賃金・退職金での優遇、公共支出の増加があった。東京都の財政に余裕があるのならこれらの政策は望ましいのであるが、財政支出が過剰になって、美濃部都政一二年間において財政赤字は深刻となり、ついには赤字が大幅となり財政破綻を迎えたのである。

なぜこのように福祉の充実がなされたのだろうか。福祉の提供を公共部門で行うことが好ましいという雰囲気の高まる時代的背景の中、福祉の提供をもっとも強く要請している高齢者に、不安感の源泉になっている医療の分野で支援するのがまず第一に期待される、という合意があったので、高齢者の医療費無料化策がまず先立って導入されたのである。

ここで老人医療費無料化策の功罪を一つ述べておこう。誰もが語るのは老人医療無料化策を筆頭にして当時の福祉政策は過剰な公共支出をもたらしたので、後になって財政赤字の原因になったという批判がある。ここではそれにやや反旗を翻すことになるかもしれないが、それはいわれるほどの財政

表3-1　高齢者人口及び割合の推移（昭和25年～平成17年）

年次	総人口（万人）	高齢者人口（万人）				総人口に占める割合（%）				老年人口指数
		65歳以上	70歳以上	75歳以上	80歳以上	65歳以上	70歳以上	75歳以上	80歳以上	
昭和25年（1950）	8320	411	234	106	37	4.9	2.8	1.3	0.4	8.3
30年（1955）	8928	475	278	139	51	5.3	3.1	1.6	0.6	8.7
35年（1960）	9342	535	319	163	67	5.7	3.4	1.7	0.7	8.9
40年（1965）	9827	618	362	187	78	6.3	3.7	1.9	0.8	9.2
45年（1970）	10372	733	435	221	95	7.1	4.2	2.1	0.9	10.2
50年（1975）	11194	887	542	284	120	7.9	4.8	2.5	1.1	11.7
55年（1980）	11706	1065	669	366	162	9.1	5.7	3.1	1.4	13.5
60年（1985）	12105	1247	828	471	222	10.3	6.8	3.9	1.8	15.1
平成2年（1990）	12361	1493	981	599	296	12.1	7.9	4.8	2.4	17.3
7年（1995）	12557	1828	1187	718	388	14.6	9.5	5.7	3.1	20.9
12年（2000）	12693	2204	1492	901	486	17.4	11.8	7.1	3.8	25.5
17年（2005）	12777	2576	1830	1164	636	20.2	14.3	9.1	5.0	30.5

（注1）　昭和25年～平成17年の年齢階級別人口は，「国勢調査」の年齢不詳をあん分した人口。
（注2）　昭和45年までは沖縄県を含まない。
（注3）　老年人口指数＝（65歳以上人口／15～64歳人口）×100
（出所）「国勢調査」より

負担にはなりえなかった、という解釈を述べておこう。

表3-1を参照していただきたい。この表は一九五〇（昭和二五）年から二〇〇五（平成一七）年まで、高齢者の人口数とそれが総人口に占める比率を示したものである。老人医療無料化の導入された一九六〇年代後半から一九七〇年代前半までに注目すると、高齢者の人口数もその比率も非常に低かったことを知っておこう。一九七〇（昭和四五）年だと、無料化された七〇歳以上の人口は四三五万人、総人口に占める比率は四・二%にすぎず、とても低い数字である。現在の二五〇〇万人前

後、一四・九％と比較すればその少人数と低比率は明らかである。

これらの数字からいえることは、たとえ高齢者（七〇歳以上）の医療費の自己負担分を公共部門が肩代わりしても、総額の財政負担はそう巨額にならないと想定できる。ここでの数字は日本全体の人口であるが、東京都に限定すればもっとその数は減少するので、財政負担はそう巨額になりえない。特に一九六〇〜七〇年代では、高齢者の多くは地方に住み、現役の働き盛りの年代は都会で働くという時代だったので、なおさら東京都への影響は大きくなかった。

では何が東京都の財政赤字に貢献したかといえば、すでに述べた各種の福祉、公共支出政策の積み重ねと、適切な税収確保策をとらなかったことに依存している。さらに、美濃部都政の末期に起きた石油危機による不景気の時代であったということも忘れてはならない。要は、老人医療無料化策が、財政赤字の原因の一つであったことまでは否定しないが、それがすべての原因とまではいえず、他の要因が重なって生じたのである。

むしろ美濃部都政、黒田大阪府政のときに老人医療無料化策を導入したことは、たとえ予算規模は高齢化の進展していなかった時期とはいえ、国民に福祉を提供することの大切さを教えたことのメリットを強調しておこう。ただし福祉の提供には、財源の確保があってはじめて成功するという意識の欠けていたことは、充分に認識せねばならない。このことは現代でも当てはまる付帯条件であることを忘れてはならない。当時の革新政治家にこのことの認識の欠けていたことは率直に認めねばならない。

実はこの認識の欠けていることは、現代の左翼政党にもあてはまる。福祉支出の財源を確保するために、消費税率を五％から八％へ、八％から一〇％に上げる案に対して、社民党と共産党は常に反対の姿勢であった。消費税の廃止すら主張している。ヨーロッパの福祉財源は主として消費税で賄われているし、税率も二〇％から三〇％前後に達している。福祉の充実を声高に主張している社民党と共産党は、財源をどこから調達するのであろうか。軍事費支出のカットや政府のムダな支出カット、大企業から法人税を多く徴収する案のようであるが、それだけでは不十分ではないだろうか。

3　超有名人でないと東京都知事、大阪府知事になれない

✣ 学歴主義の後退とポピュリスト知事の登場

ポピュリストは様々な側面から理解できるが、超有名人であることを生かして政治家になるということを、ポピュリスト政治家の一側面としてここに考察してみよう。その代表は東京都知事と大阪府知事である。

ここで戦後の東京都知事が誰であったかを簡単に振り返ってみよう。東京都も大阪府も共通していえることは、一九九五（平成七）年までは高級官僚上がりか学者上がりであったということになる。東京都の安井誠一郎、鈴木俊一の二人、大阪府の赤間文三、岸昌（さかえ）、中川和雄の三人、すべてが東大法科出身の官僚経験者である。日本は明治時代以来、東大法科出身の官僚が中央官庁の世界と首相を含

めた政治の世界を牛耳ってきたので、東京、大阪といった二大地方政府の長がこれらと同じというのにまったく不思議はない。

学者に関しては、東京の東龍太郎は東大出身の医学部教授、美濃部亮吉はすでに紹介したように東大出身の東京教育大・経済学の教授、大阪の左藤義詮は京大出身でいろいろな大学の教授、黒田了一は東北大出身の大阪市大・法学の教授、といった経歴である。官僚、政治家、学者の全員が旧制の帝国大学出身者であることを知るにつけ、戦前と戦後の一時期、日本は政治の世界は当然として、他の世界においても学歴社会だったことは強調されてよい。ところが、ここ最近の知事からするとそれはもう崩壊していることが明らかとなる。

いよいよ真のポピュリスト知事の二人（東京都の青島幸男、大阪府の横山ノック）の登場である。なお本名が公式には知事名として用いられるので、横山ノックは芸名なのでふさわしくなく、本名の山田勇が正しいが、通称の方の記憶が強いのでここでは横山ノックで記述する。この二人はなんと同じ年の生まれ（一九三二（昭和七）年）で、しかも同じ年月日（一九九五（平成七）年の四月二三日）に知事に就任している。統一地方選挙が同一日であったし、両知事の任期切れの日も共通だったのであろう。

そこでどちらの知事を先に論じたらいいか迷うが、インパクトは横山ノックの方が強いので彼から先に論じてみよう。なぜかといえば、彼が知事になる前の五名全員が旧制帝国大学出身者だったところに、横山ノックは小学校出身者という特色があるからによる。高学歴が必要だった知事職に対して、横山は学歴がないという特質の意味を議論せねばならない。

郵便はがき

恐縮ですが
切手を貼って
お出し下さい

606-8161

京都市左京区
一乗寺木ノ本町 15

ナカニシヤ出版
愛読者カード係 行

■ ご注文書 （小社刊行物のご注文にご利用ください）

書　名	本体価格	冊 数

ご購入方法（A・B どちらかをお選びください）
A. 裏面のご住所へ送付（代金引換手数料・送料をご負担ください）
B. 下記ご指定の書店で受け取り（入荷連絡が書店からあります）

市 区	町 村	書店 店

愛読者カード

今後の企画の参考、書籍案内に利用させていただきます。ご意見・ご感想は匿名にて、小社サイトなどの宣伝媒体に掲載させていただくことがあります。

お買い上げの書名	
（ふりがな） お名前	（　　　歳）
ご住所　〒　　　－	
電話　　　（　　　　）	ご職業
Eメール　　　　　@	

■ お買い上げ書店名

市　　　町　　　書店・ネット書店名
区　　　村　　　　　（　　　　　　）

■ 本書を何でお知りになりましたか

1. 書店で見て　2. 広告（　　　　　）　3. 書評（　　　　　）
4. 人から聞いて　5. 図書目録　6. ダイレクトメール　7. SNS
8. その他（　　　　　　　　　）

■ お買い求めの動機

1. テーマへの興味　2. 執筆者への関心　3. 教養・趣味として
4. 講義のテキストとして　5. その他（　　　　　）

■ 本書に対するご意見・ご感想

ここからはじめる観光学 ―楽しさから知的好奇心へ―

大橋昭一・山田良治・神田孝治編　観光学の初歩の初歩を、経営、地域再生、文化の三つの観点からわかりやすく紹介。　**A５判　2600円**

救援物資輸送の地理学 ―被災地へのルートを確保せよ―

荒木一視・岩間信之他　災害が起きたとき、いかにして救援物資輸送を確保すべきか。地理学の知見やGISを駆使した提言。　**四六判　2200円**

まちづくりからの小さな公共性 ―城下町村上の挑戦―

矢野敬一　城下町、新潟県村上を舞台として展開してきた文化資源化の多様なフェーズを取り上げ、解説する。　**四六判　2600円**

メディア文化論［第２版］―想像力の現在―

遠藤英樹・松本健太郎・江藤茂博編［シリーズ］メディアの未来　メディアと文化を考える好評テキスト大幅にアップデート。**四六判　2400円**

記録と記憶のメディア論

谷島貫太・松本健太郎編［シリーズ］メディアの未来　何かを記憶し思い出す。その多様な営為の実践に迫る。　**四六判　2600円**

観光メディア論

遠藤英樹・寺岡伸悟・堀野正人編［シリーズ］メディアの未来　最新の知見から観光とメディアの未来を探る。　**四六判　2500円**

空間とメディア ―場所の記憶・移動・リアリティ―

遠藤英樹・松本健太郎編著［シリーズ］メディアの未来　多様な切り口から空間を読みほぐす最新テキスト！　**四六判　2700円**

音響メディア史

谷口文和・中川克志・福田裕大著［シリーズ］メディアの未来　音のメディアの変遷、そして技術変化と文化の相互作用。　**四六判　2300円**

ポピュラー音楽の社会経済学

高増明編　なぜ日本の音楽はつまらなくなったのか。音楽産業の構造からロックの歴史、Ｊポップの構造までトータルに解説。**A５判　2800円**

日本の社会政策〔改訂版〕

久本憲夫　失業、非正規雇用、年金、介護、少子高齢化など、日本が直面するさまざまな問題と政策動向をトータルに解説。　**A５判　3200円**

他者論的転回―宗教と公共空間―

磯前順一・川村覚文編　排除された者の公共性はいかにして可能か。他者と共存する複数性の領域としての公共性を模索する。**A5判　3800円**

ポスト3・11の科学と政治

中村征樹編　東日本大震災が浮き彫りにしたさまざまな問題を、「科学をめぐるポリティクス」という観点から考察する。　**四六判　2600円**

日本の動物政策

打越綾子　愛玩動物、野生動物、動物園動物から実験動物、畜産動物まで、日本の動物政策・行政のあり方をトータルに解説。**A5判　3500円**

食の共同体―動員から連帯へ―

池上甲一・岩崎正弥・原山浩介・藤原辰史　食の機能が資本と国家によって占拠されたいま、食の連帯の可能性を探る。　**四六判　2500円**

食と農のいま

池上甲一・原山浩介編　食べることと農業の多様なつながりから世界を読み解く。遺伝子組換えからフードポリティクスまで。**四六判　3000円**

多様化する社会と多元化する知―「当たり前」を疑うことで見える世界―

片山悠樹・山本達也・吉井哲編　激動する現代社会をどう理解すればいいのか。社会科学の基本的な考え方を分かりやすく紹介。**A5判　2400円**

ローカル・ガバナンスと地域

佐藤正志・前田洋介編　シリーズ・21世紀の地域⑤　新自由主義的な行財政改革とともに普及した「ローカル・ガバナンス」とは。**A5判　2800円**

ケアの始まる場所―哲学・倫理学・社会学・教育学からの11章―

金井淑子・竹内聖一編　臨床的ケア学のフロンティアを拓く。既存の学野の枠を超えた、気鋭の研究者達による実践的ケア研究。**A5判　2200円**

フランスの生命倫理法―生殖医療の用いられ方―

小門穂　生命倫理について包括的な規則を法で定めるフランス方式は有効か。その実態を明らかにし今後の展望をうらなう。　**四六判　3800円**

観光学ガイドブック―新しい知的領野への旅立ち―

大橋昭一・橋本和也・遠藤英樹・神田孝治編　観光学ってどんな学問？方法論や観光事象をわかりやすくまとめた絶好の入門書。**A5判　2800円**

アメリカ先住民ネーションの形成

岩崎佳孝　合衆国に存在する先住民ネーションは独自の憲法と統治構造をもち、連邦政府との政府間関係も有する。その全貌を解明。　**A5判　3500円**

歴史としての社会主義―東ドイツの経験―

川越修・河合信晴編　社会主義とは何だったのか。東ドイツを生きた人々の日常生活を掘り起こし、社会主義社会の経験を検証。　**A5判　4200円**

明日に架ける歴史学―メゾ社会史のための対話―

川越修・矢野久　近現代ドイツを舞台に、中間領域の歴史＝メゾ社会史の構築を目指す、２人の歴史家の格闘と対話の記録。　**四六判　3200円**

モダン都市の系譜―地図から読み解く社会と空間―

水内俊雄・加藤政洋・大城直樹　都市空間を生産する権力の諸相を、地図と景観の中に読み解く。　**A5判　2800円**

『サークル村』と森崎和江―交流と連帯のヴィジョン―

水溜真由美　横断的連帯のヴィジョンを構想した『サークル村』の現代的意義を、森崎和江や谷川雁、上野英信を中心に問う。**四六判　3800円**

草叢の迷宮―泉鏡花の文様的想像力―

三品理絵　鏡花が『草迷宮』において構築した絢爛たる植物的異世界を読み解き、後期の作品群におけるその後の展開を検証。**四六判　3800円**

亡命ユダヤ人の映画音楽―20世紀ドイツ音楽からハリウッド、東ドイツへの軌跡―

高岡智子　ワイマールからハリウッド、そして東ドイツへ。コルンゴルトをはじめ、歴史に翻弄されたユダヤ人作曲家達のドラマ。**四六判　3800円**

旅行のモダニズム―大正昭和前期の社会文化変動―

赤井正二　大正期の登山ブーム、旅行雑誌の役割等、旅行の近代化を巡る諸相を分析。旅行を大衆文化へと変えた原動力を活写。　**A5判　3300円**

フランクフルト学派と反ユダヤ主義

古松丈周　憎悪からの解放はいかにして可能か。『啓蒙の弁証法』へと結実する「反ユダヤ主義研究プロジェクト」の全貌。　**四六判　3500円**

保守的自由主義の可能性―知性史からのアプローチ―

佐藤光・中澤信彦編　バーク、オークショットから新渡戸、柳田まで、偉大なる保守主義者たちの思想を現代に蘇らせる。　**A5判　3000円**

響応する身体―スリランカの老人施設ヴァディヒティ・ニヴァーサの民族誌―
中村沙絵　他人でしかない人々の間に老病死を支える関係性は､いかに築かれているのか｡スリランカの老人施設が投げかける問いとは何か｡A５判　5600円

鷲使い（イーグルハンター）の民族誌―モンゴル西部カザフ騎馬鷹狩文化の民族鳥類学―
相馬拓也　モンゴル西部、イヌワシと暮らす鷲使いたちと400日間生活を共にした調査をもとに、その実態を明らかにする。　A５判　5500円

遊牧・移牧・定牧―モンゴル、チベット、ヒマラヤ、アンデスのフィールドから―
稲村哲也　アンデス、ヒマラヤ、モンゴルの高所世界、極限の環境で家畜とともに暮らす人々。その知られざる実態に迫る貴重な記録。A５判　3500円

バリと観光開発―民主化・地方分権化のインパクト―
井澤友美　インドネシアのバリ州を事例として民主化・地方分権化以降の観光開発の特徴および地域社会の変容を明らかにする。A５判　3200円

グローバル・イスラーム金融論
吉田悦章　グローバル化･高度化を続けるイスラーム金融を実証的に分析｡発展史から地域的特性､金融商品の内容など詳細に解説｡A５判　4200円

イスラミック・ツーリズムの勃興―宗教の観光資源化―
安田慎　「宗教」と「観光」はいかに結びつくのか。イスラミック・ツーリズムを巡る思想的系譜と市場形成を明らかに。　A５判　3000円

現代アラブ・メディア―越境するラジオから衛星テレビへ―
千葉悠志　国家主導のラジオ放送に始まり、いま国家の枠を超えた衛星放送時代を迎えたアラブ・メディアの姿を活写する。　A５判　4200円

イランにおける宗教と国家―現代シーア派の実相―
黒田賢治　日常の信仰から国政までも指導するイスラーム法学者の実像に迫り、宗教界との関係から現代イランの実態に迫る。A５判　4200円

昭和天皇をポツダム宣言受諾に導いた哲学者―西晋一郎、昭和十八年の御進講とその周辺―
山内廣隆　尊皇の哲学者は､なぜ敗戦を見据えた御進講を行ったのか？新史料を基に､講義の内容と終戦の決断への影響を解明｡四六判　1800円

虫喰う近代―一九一〇年代社会衛生運動とアメリカの政治文化―
松原宏之　反売買春運動における科学者・ソーシャルワーカー・財界人らの主導権争いが、米国の基層に刻んだ痕跡を探る。　A５判　3800円

社会を説明する—批判的実在論による社会科学論—
B.ダナーマーク他／佐藤春吉監訳　存在を階層的なものとみる批判的実在論の視角が導く、新しい社会研究の実践への手引。**A5判　3200円**

パネルデータの調査と分析・入門
筒井淳也・水落正明・保田時男編　調査方法からデータハンドリング、そして分析までをカバーしたはじめての包括的な入門書。**B5判　2800円**

基礎から分かる会話コミュニケーションの分析法
高梨克也　さまざまな会話コミュニケーションを明示的な方法論で観察。理論的かつ体系的に説明しようとする人のための入門。**A5判　2400円**

国際社会学入門
石井香世子編　移民・難民・無国籍・家族・教育・医療……。国境を越えたグローバルな社会現象をさ様々な切り口から捉える。**A5判　2200円**

平等論—霊長類と人における社会と平等性の進化—
寺嶋秀明　人間が平等を求める動物であることを解き明かし、「人間の社会そのものの基盤」としての平等の本質を描き出す。**四六判　2600円**

出来事から学ぶカルチュラル・スタディーズ
田中東子・山本敦久・安藤丈将編　身の回りで起きている出来事から文化と権力の関係を捉えるための視座を学べる入門テキスト。**A5判　2500円**

グローバル時代の難民
小泉康一　最新のデータから現状を描き出し、「難民」を再定義した上で、正しい問題解決への道筋を示す。**A5判　3700円**

グローバル・イシュー　都市難民
小泉康一　かつて国連難民高等弁務官事務所に従事した著者が、農村から都市部へ向かう難民の実態と、援助の形を包括的に議論。**A5判　3700円**

交錯する多文化社会—異文化コミュニケーションを捉え直す—
河合優子編　日常の中の複雑なコンテクストと多様なカテゴリーとの交錯をインタビューやメディア分析等を通じて読み解く。**四六判　2600円**

交錯と共生の人類学—オセアニアにおけるマイノリティと主流社会—
風間計博編　オセアニア島嶼部における移民・「混血」、性・障害などの民族誌事例を提示し、現代世界における共生の論理を追究。**A5判　5200円**

宇宙倫理学入門―人工知能はスペース・コロニーの夢を見るか？―

稲葉振一郎　宇宙開発はリベラリズムに修正をもたらすのか。宇宙開発がもたらす哲学的倫理的インパクトについて考察する。**四六判　2500円**

同化と他者化―戦後沖縄の本土就職者たち―

岸政彦　復帰前、「祖国」への憧れと希望を胸に本土に渡った膨大な数の沖縄の若者たちのその後を、詳細な聞き取りと資料をもとに解明。　**四六判　3600円**

追放と抵抗のポリティクス―戦後日本の境界と非正規移民―

髙谷幸　非正規移民とは誰か。彼らを合法／不法に分割するものは何か。戦後日本の非正規移民をめぐる追放と抵抗のポリティクス。**A５判　3500円**

宗教の社会貢献を問い直す―ホームレス支援の現場から―

白波瀬達也　現代における「宗教の社会参加」をいかにとらえるべきか。ホームレス支援の現場からその現状を問う。　**四六判　3500円**

社会運動と若者―日常と出来事を往還する政治―

富永京子　社会運動の規範や作法はどのように形成されるのか。若者と運動の特質を出来事についての語りから浮き彫りにする。**四六判　2800円**

概念分析の社会学―社会的経験と人間の科学―

酒井泰斗・浦野茂・前田泰樹・中村和生編　概念の使用法の分析から社会原理の一面に迫る、エスノメソドロジー研究の新展開。**A５判　2800円**

概念分析の社会学２―実践の社会的論理―

酒井泰斗・浦野茂・前田泰樹・中村和生・小宮友根編　社会生活での多様な実践を編みあげる方法＝概念を分析。　**A５判　3200円**

最強の社会調査入門―これから質的調査をはじめる人のために―

前田拓也・秋谷直矩・朴沙羅・木下衆編　16人の気鋭の社会学者たちによる、面白くてマネしたくなる社会調査の極意。　**A５判　2300円**

エスノメソドロジーへの招待―言語・社会・相互行為―

フランシス＆ヘスター／中河伸俊他訳　家庭での会話から科学研究の現場まで、エスノメソドロジーの実践方法を平易に紹介。**A５判　3000円**

現代社会論のキーワード―冷戦後世界を読み解く―

佐伯啓思・柴山桂太編　15のキーワードから現代を読み解く。錯綜する現代社会を捉えるための恰好のガイドブック。　**四六判　2500円**

❖横山ノック大阪府知事

横山は小学校を卒業後、芸人を目指して大阪のお笑い芸人に弟子入りする。具体的には漫才の世界で身を立てるつもりであった。いろいろな芸人とコンビやトリオを組んだ末に、上岡龍太郎などと漫画トリオを結成した。このトリオはノック、パンチ、フックという芸名で売り出しに成功し、有名なフレイズ「パンパカパーン、今週のハイライト」といった始まりでニュースネタを用いて漫才を行い、大変な人気を博した。「ノックは無用」という番組の司会を上岡と行い、これも人気となった。これらの番組を筆者も時折見ていたので、まさに人気者たる姿をこの眼で認識できた。

大阪という土地柄はこのような芸を好むし、芸人に対する抵抗感の弱い地域であると理解する必要がある。すなわち学校を出ていなくとも、人を笑わせる術を持っている人にはある程度の尊敬の念を抱くし、その人々の活躍に拍手を送るのである。なぜ特別に横山ノックかといえば、彼は漫才の現場やテレビの番組において、政治や社会の出来事をネタにすることが多かったので、聴衆は横山は政治好きな人に違いないと思った可能性がある。しかも本人も政治家になりたいという希望を持ち始めたのである。

横山ノックは参議院の全国区の選挙に一九六八（昭和四三）年に無所属で立候補して当選し、四期という長い期間にわたって議員を務めた。なぜ政治家になりえたのか、もっとも重要な要因は芸人としての抜群の知名度と、人気度であることに間違いはない。同時に芸人としての活動も行い、テレビを利用して政治活動を報告するという仕事を行ったのである。

そこに大阪府知事選挙に打って出て、当選を果たすのが一九九五（平成七）年なのであった。知名度と人気度に加えて、これまでの前任者が官僚出身者で、地道ではあるが面白くもないし派手さもないという政治の世界に府民が飽きて、横山ノックなら何か斬新なことをやってくれるかもしれないという期待もあった。本人からすると参議院という国政の場ではトップとしてなかなか重要な仕事ができないので、国政よりは規模は小さいが、地方でのトップとして政治上のリーダーシップの発揮できる知事を選んだのではないかと想像できる。

不思議なことに横山ノックが大阪府知事時代にどういう仕事をしたのか、さほどの議論はない。何か失敗をしたとの報告もないので、無難な知事だったのであろう。むしろ彼にとっては二期目の知事選挙のときに女性運動員にセクハラ騒ぎを起こした事件が有名であり、判決は執行猶予付きの有罪判決であった。これに関しては多くを語る必要はない。横山ノックの後を継いだのは経産省上がりの官僚である太田房江であった。横山がひどかったので正統派の官僚上がりを選んだが、女性知事を選んだのは大阪府民らしい新しさの追求かもしれない。その次の知事は再びポピュリストの橋下徹であった。

✣青島幸男東京都知事

次は東京の青島幸男である。青島の学歴は政治家を多く生んでいる早稲田大学の卒業生なので、横山ノックより学歴は高い。しかも青島は文才に恵まれていたし、テレビなどの番組の製作、それに作詞、俳優、映画監督などのマルチのタレントとして活躍しており、マスコミ界のスターになっていた。この抜群の知名度と人気度を政界は放っておかず、横山ノックと同じく参議院選挙に出て、全国区で第二位の当選を果たす。どのような政治姿勢を示すかというよりも、マルチタレントという非常に高い人気度が青島を政治家にしたのであった。

横山と同じように国会議員よりも知事の方が大きな仕事ができると思ったのか、青島は知事選挙に立候補する。彼の公約は唯一、臨海副都心地区で計画されていた「世界都市博覧会」を開催しないというものだけで、他の分野に関するものはほとんどなかった。この博覧会は東京都の開発に寄与するとして、多くの政党が官僚のトップにいた石原信雄を支援していて、青島は孤立無援であったが、投票結果は青島の圧勝であった。日本が高成長時代を終えたことにより、建物を新築して成長を目指したり、なにか新しいイヴェントをするということに国民の期待のなかったこと、既成政党への不信感などが重なって、青島が知事に選ばれたのであった。

東京都議会が博覧会の開催を議決したのに対して、青島は選挙公約を守るとして、開催の中止を決定したのである。青島が知事在任中にやった仕事はこの博覧会中止だけだとの批判の中で、青島は一期で知事を降りた。すなわち知事としての仕事では見るべきものがなかった、というのが一般的な評価であった。

青島に次いで知事選挙に勝利したのは石原慎太郎（作家）、猪瀬直樹（作家）、舛添要一（学者、大臣）、小池百合子（キャスター、大臣）であり、超有名人のポピュリストばかりであった。

石原慎太郎は知事職に熱心ではなく、副知事以下の幹部に任せ切りであった。中小企業金融に特化するとした東京都民銀行の創設に努力したが、結局は成功した銀行にはなりえなかった。猪瀬直樹と舛添要一は結局は不祥事で失脚した。小池百合子は築地市場の移転問題で明確な判断をせず、中途半端に終わりそうである。「改革」を口にはするが、まだ具体的に何をするかを出していない。人気だけで知事になった感が現時点ではぬぐえない。オリンピックを無事に開催した後は、中央政界に復帰して首相をねらうかもしれないと予想されたが、後述するが後に自らが党首となって希望の党をつくり国政に関与した。

❖ポピュリストしか東京・大阪の知事になれない理由

以上で、東京都と大阪府の知事には、横山ノックと青島幸男に代表される超有名人がなるのがわかった。ここでなぜ芸能人や作家、キャスター、タレントといった超有名人のポピュリストしか東京や大阪の知事になれないのかを考えてみよう。いくつかの理由を指摘できる。

第一に、地方政府の首長(知事や市長)には政党色のある人もいるが、基本的に政党意識の強い人が排除されることが多い。その証処の一つとして、政党は「無所属」とする候補者の多いことでわかる。そうすると無党派の人が選ばれることが多く、そういう人にピッタリなのが政党色の薄い芸能人、作家、キャスター、タレント、ということになる。しかも候補者も政党色の濃い政策を主張せず、自分の知名度と人気度を前面に出す選挙活動を行う。

第二に、東京、大阪といった大都市には地方から移住した人が多く、血縁や地縁あるいは知人関係の薄い人が多い。だから親戚、一族郎党、知人、近所に住む人、同窓といったことで投票者を選ぶ確率が高くない。いわゆる「しがらみ」で結ばれた人が少ない。そうすると日頃マスコミに現れている有名人に投票するのである。

第三に、大都会には若者や中年層を中心にして、政治信条として政党に属さないか特定の政党を支持しない、あるいは政治に無関心な人もいる。そういう無党派色の強い人にとっては特定の政党色の強くない超有名人の候補者に投票する行動を取りがちである。

第四に、超有名人が知事になる以前の東京都や大阪府の知事は高級官僚上がりが多く、これらの首長の行う地方行政に対して、当地に住む一般庶民は失望感を抱いていた。中央政府や中央官庁の言うがままの地方行政を行うことが多かったので、自分たちの利益や希望を満たしてくれないという不満が蓄積していた。超有名人であれば自分たちの希望に沿う行政や政治を行ってくれるのでは、という淡い期待を抱いていた。しかし多くの場合、この淡い期待は満たされなかった。

第五に、第三と第四に関することで、首長は非政党色が強いが、地方議会は国会ほど強くはないが議員には政党色がある。首長が政党色を鮮明にしておれば、地方議会において与党か野党かの区別の中でどちらに属するかが明確となる。ところが超有名人のポピュリストの知事は無所属か、それとも政党色が弱いかなので、自分の与党議員を多く抱えないことが多い。そうすると知事の提案する政策や条例が議会を通らないので、知事は自分好みの政治を行うことが困難となる。何もしない超有名人知事の誕生と、その政治のうまく進まない一つの理由である。

4　小泉純一郎

大嶽（二〇〇三）は第八七～八九代内閣総理大臣だった小泉純一郎を代表的なポピュリストの一人として論じている。特に興味深い点は、アメリカの大統領であったロナルド・レーガンのポピュリストぶりとの比較であった。本節では大嶽の小泉評価をごく簡単に紹介してから、筆者独自の視点に基づいて小泉論を展開してみたい。

❖小泉のポピュリズムの特徴

大嶽によると、小泉のポピュリズムは次の諸点に特色がある。第一に、レーガン大統領と同様に、ネオリベラル的な政策志向であったこと。しかしその政治思想を深い理念の下に理解して、それに則った政策を打ち出したのではなく、時の自民党的な利権政治と官僚の既得権益の強さを批判する、といった程度のものにすぎなかった。換言すれば、レーガンのような政治体制を覆すような煽情的なものはなく、穏健な新自由主義であった。

第二に、しかしレーガンと同様に自己の主張をアピールするために劇場型政治を行い、演説やテレビで直接国民に訴えて、支持を得る方法を選んだ。よくワン・フレーズを用いて、例えば「郵政民営化」「自民党をぶっつぶす」などを何度も口にして、国民の頭の中にこの言葉を記憶させることに成功して、小泉の代名詞のように受け取られる効果があった。あるいは大相撲での表彰式で「感動した」を大声で発して、逆に人々に感動を与えるような術に優れていた。

第三に、国民の人気を第一に考えるのがポピュリストであるが、小泉は意外に古い気質の持主であった。例えば神風特攻隊の軍人を悼んだり、義理人情に厚い性格であった。従って自民党内での派閥力学の中でも義理人情で動く術に長じていたのであり、派閥政治の中でうまく立ち振る舞い、自民党総裁に選ばれたのも、この性格が有利に働いたのは否定できない。

ポピュリストとしての小泉の真骨頂は、まずは二〇〇一年の自民党総裁選から始まった。当初の予想は橋本龍太郎の有利であったが、予備選挙において国民的人気の高い同じくポピュリストの田中真紀子とタッグを組み、小泉は予想外の当選を果たしたのである。ここは二人のポピュリスト、小泉と田中の面目躍如であった。本選挙も圧勝で小泉は自民党総裁、そして首相となったのである。国民的人気者となった小泉は、首相になってから四年後の二〇〇五年に衆議院の解散を行って総選挙に打って出た。それは郵政民営化選挙とも称されるように、ワン・フレーズの「郵政民営化」というワン・イシュー（たった一つの争点）での戦いでもあった。もともと規制緩和論者であったし、民営化論者だったので国営の郵政、貯金、生保などの事業は民営化すべしとの意向と一致した。そして自民党の総裁でありながら、党内で郵政民営化に反対する人には自民党候補者としての公認をしないとか、反対する人に刺客の候補者を立てるという、やや独裁者的で過激な行動に出た。

この強い決意の下での小泉の方針が国民の気に入るところとなった。郵政民営化の是非だけで衆議院の解散であり、かつワン・イシューでの選挙というのは他にもっと重要なイシューがあるので合理的な政治行動とは解釈できないのであるが、幸か不幸か小泉の行動に国民は共鳴して、総選挙に勝利したのである。首相に再就任である。

✣首相として、政治家としての小泉純一郎

ポピュリストの二人、すなわち小泉純一郎と田中真紀子に関して、その後のなりゆきを見てから、政治家・小泉を評価しよう。田中が小泉に積極的に協力して総裁・首相にしたのであるから、論功行賞として小泉は田中を外務大臣に任命した。田中は小泉のことを変人と呼んでいたのであるが、奇人に近い性格を持っていた田中は外務省において、常識から外れた行動（例えば指輪事件など）を起こして事務当局と対立したりした。小泉が田中を外務大臣としての職から解任したのは二〇〇二年のことであった。「両雄並び立たず」という言葉があるが、「両ポピュリスト並び立たず」という言葉があってもよいかもしれない。

本論に戻して小泉純一郎の政治を評価してみよう。第一は、成功した郵政民営化である。過去に実行された国鉄民営化の成功で象徴されたように、自民党のかなり高い比率の議員は国営企業を民営化して、民間企業を育成することこそが規制緩和策の代表と考えていた。小泉はこれを推し進めるために、国家が郵便、金融、保険の業務を行うべきでないとして、すでに述べたようにワン・イシューの

郵政民営化を成功させた。郵政民営化論だけの衆議院解散というのは、日本の進路を決めるような大きな課題ではない論点と判断して、筆者は賛成ではなかったが、ポピュリスト小泉にとっては政治生命を賭した戦略だったのだろう。むしろポピュリスト小泉がポピュリストらしく振る舞って成功したと評価しておこう。

小泉の首相としての政策は、規制緩和、競争促進、福祉削減で象徴される、新自由主義の経済政策で代表される。当時はバブル崩壊による金融機関の倒産に始まり、日本経済が大不況の時代にいたので、デフレ不況からの脱出が至上命題であったのは事実であり、小泉経済政策は間違いではなかった。唯一問題があるとすれば、自由主義経済を尊重して、国家の役割を小さくする政策を主張する新自由主義の立場にありながら、金融機関への財政支援を行ったことをどう評価するかである。非金融機関は一般には支援を受けないのに、なぜ金融機関（特に大企業）だけ支援するのか、というのは公平性に欠けるかもしれない。

しかし大規模の金融機関が倒産すると、資金が他産業にまわらなくなり、一国経済の全体すらが破産しかねない危惧があるので、政府は公的資金を大銀行に投入して、救済したのである。これは「too big to fail」理論と称され、一定の支持のある論理である。だがいつかは政府が支援してくれるということを金融機関がわかっていれば、モラルハザードを起こして放漫経営をしかねない恐れがあるので、金融機関の監視は必要なのである。あるいは保護を受けている金融機関で働く人の賃金が高過ぎると、他産業からすると不公平と映るかもしれない。

このような小泉による新自由主義に立脚した経済政策は、ポピュリズムに沿ったものであるか、ということを考えてみよう。大嶽はこの政策をポピュリズムの一環と解釈している。中谷（二〇一七）もそうみなしている。しかし筆者は別の解釈をしている。確かに小泉はテレビの活用による人気取り作戦を行ったので、ポピュリストであることに間違いはないが、政治姿勢は政治思想の異なる異端を徹底的に排除することはなかった。もっとも郵政選挙において反対者を徹底的に排除する行動政治戦略を取ったので、ポピュリストの顔を有していたことは否定できない。

肝心なことは、政治姿勢として新自由主義の思想にくみしない人まで排除することはなく、その点では民主主義の排除までは主張していないと理解してよい。往々にして南米やヨーロッパのポピュリストの中には、軍事力を利用して独裁的な行動をした人もいたし、自由主義・民主主義の原則を否定した人がいるのであり、小泉はそこまでの極端な思想・行動はなかったので、そこまで極端なポピュリストではなかった。

まとめれば、小泉のポピュリズムは人々の人気を博するような派手な行動をとり、現実の政治の戦場では反対者を陥れるような行動をとったが、反対勢力の政治・経済思想までを抹殺するような行動をとることはなかった。

小泉首相の経済政策は、繰り返すが、規制緩和、競争促進、福祉削減といった自由主義経済、経済学の世界であればケインズ流ではなく新古典派経済学に立脚したものだったので、経済効率性の向上にはある程度役立った（すなわちポストバブル時代の大不況からの脱却）が、一方で所得格差の拡大に貢献したことも否定できない。当時は筆者などの主張によって日本が格差社会に入ったとされていた時代であり、小泉経済政策の責任であるとの批判がなくはなかった。筆者の判断は、日本の格差社会は小泉首相の登場以前からすでに発生していたのであり、小泉政策はそれを助長したにすぎない、というものである。

むしろ小泉による次の言葉が論争的である。すなわち、「格差社会のどこが悪い。有能で頑張る人が高い所得を稼ぎ、能力のない怠ける人が低い所得に甘んじるのは、経済原則に合致しているので、むしろ公平である」との国会での答弁であった。この発言は正しい原理である。経済学者のやらねばならない仕事が、小泉の発言から示唆されている。高い所得が一〇億円なのか、一億円なのか、一千万円なのか、逆に低い所得は五〇〇万円なのか、一〇〇万円なのか、といった具体的な数字を提案することによって、経済効率性と公平性（平等性）上の問題が解決されるのである。

最後に、小泉首相が引退後に発言した言葉を賞賛しておこう。それは原子力発電に関するものである。経済効率性を重視する立場からすると、原発を容認するのが普通であるが、小泉は原発を廃棄する説を退陣後に発言したのである。勇気ある発言として評価したい。原子力発電時に発生する廃棄物をどう処理するのかがまだ未解決の時代に、原発を使用し続けるのは世界の破滅に通じかねない、という根拠に基づいた主張である。

5　橋下徹と小池百合子

❖橋下徹と大阪維新の会

日本を代表するポピュリスト政治家と思われるので、この二人のことを一言述べておこう。橋下の場合はもともと弁護士上がりであるが、テレビの人気番組において歯に衣着せぬ発言を連発して一気に超有名人になった人である。その発言内容は誇張を述べることも多いが、自信ありげに話すのと、日頃庶民が思っている不満をテレビで代弁する雰囲気があり、人々の人気を博したポピュリストである。「民意」を察する術に優れていたのである。

二〇〇七年には大阪維新の会の代表として大阪府知事に立候補して当選、その後大阪市長にもなった。大阪はもともと庶民の街なので、お笑い芸人には寛容なところがあり、漫才師の横山ノックが知事になったこともあるので、タレント政治家への許容の心があったことが大きい。

橋下の悲願は大阪府と大阪市の二重行政の廃止であり、大阪市の住民投票で大阪都構想を提案して信を問うた。しかし市民の賛成は得られず、任期とともに市長を退陣したし、政界からも引退した。人民の賛意が得られないときには政界からの引退という、民主主義の精神に忠実だったし、潔い身の引き方であった。政治思想としては保守派、タカ派色が強かった。

今後政治家として複帰があるのかどうかが関心である。本人は「絶対にない」と宣言している。しかし彼は前言を取り消すことが、現役のときによくあったので、将来はわからない。

❖小池百合子東京都知事

もう一人の小池は、当時の日本女性としては珍しく、エジプトのカイロ大に留学経験を持つ人で、テレビのニュースキャスター上がりの政治家である。女性として魅力的な容姿を持ち、しかもテレビで鍛えられた会話の受け答えの能力は抜群なので、ポピュリストたる条件を備えている。南米やヨーロッパの男性ポピュリストが、力強い雰囲気でカリスマ性を持つ容姿をしていることが多いが、その女性版かもしれない。

比較的若い年代（といっても四〇歳前後）で政治家に転じて、国会議員となった。最初の党は細川護熙のつくった日本新党からであった。大嶽によると、細川もポピュリストの一人なので、ポピュリストはお互いに魅かれあうのかもしれない。その後小沢一郎の新進党、そして自由党、保守党と渡り歩き、最後は自由民主党に属した。いくつかの内閣で大臣をも経験した大物である。その後二〇一六年に自民党を離れて東京都知事選に打って出て、勝利を収めたのである。知事当選後は「都民ファースト」という党を立ち上げた。自民党にいては首相になれないと判断して、東京都知事からその次に首相をという道筋のために知事を目指したという説がある。

ここに記した政党名だけで小池の所属した党は六つにも達しており、「政界渡り鳥」という異名が彼女に与えられている。しかもどの党でもトップ政治家（細川、小沢、小泉、安倍など）の保護の下にいたので、処世術のうまい女性政治家との声もなくはない。とはいえ常に政界の表舞台を走ってきた人なので、人気の高いポピュリスト政治家といってよい。

なお政治信条は橋下徹ほど明確ではなく、「改革」という言葉を連発するが、改革の中身は不透明というややネガティヴな印象がある。あるいは国民の大多数が何を期待しているかを機敏に見る才能があるので、それに合わせて改革を主張するのかもしれない。国民の間に浸透する「風」を読み取るのがうまい人といえる。多くの党を渡り歩いたことはその証拠になるかもしれないし、単純に権力志向の強い人かもしれない。でも政治の世界は人気の世界だし、多数派を取るのが仕事なのでこの行動方針が一概に悪いとはいえない。小泉純一郎も首相になる前はそれほど政治思想は明確ではなく、郵政選挙というワン・イシューで首相になったが、首相後は隠れた政治思想、すなわち新自由主義に基づく経済政策を行ったのであり、一つの政治信条の下で政策をやり通したという意味で骨太政治ではあった。

典型的なポピュリスト、小池百合子を象徴する出来事が、二〇一七年一〇月の衆議院議員選挙のときに起きた。東京都知事になったときに「都民ファースト」を立ち上げ、都議会選挙で圧勝して自信を得たのか、次は国政においても、新党・希望を自ら党首になって立ち上げ、衆議院選挙に打って出たのである。もっとも本人は衆議院議員の候補者にはならず、希望の党の代表としての選挙であった。「都民ファースト」という党名はこれもポピュリストであるアメリカ大統領のトランプの「アメリカ・ファースト」政策を真似たものであるし、「希望」という党名もポピュリズムを匂わせている。

希望の党の政策公約を精査したが、これもポピュリスト的政策が多かった。幼児教育の無償化、国民全員に一定額の給付を行う「ベーシック・インカム」の導入、原子力発電のゼロ化、等々、財源の裏付けのない上に、具体的にどう政策を実行するかの説明の乏しい公約であった。しかも消費税率を八％から一〇％に上げる策への反対論を出しており、種々の財政支出の増加を主張しておきながら財源の調達を否定するという矛盾ぶりであった。税金嫌いの国民のポピュリスト的な声に応えようとしたという解釈も可能である。言わば耳当たりのよい政策の目白押しであった。知事時代に朝鮮学校への補助金停止策を導入したが、これもヨーロッパの外国人を排除するポピュリズムと同じ思想である。

女帝とまで呼ばれるようになった独裁的な政治行動と、ポピュリズム的政策の主張が多いのに国民は賢明に対応して、希望の党は選挙で惨敗した。惨敗の責任は自分にあると反省の弁を述べた小池であったが、自分で創業した希望の党の党首をほぼ一か月の在任期間だけで降りてしまった。またまたすぐに行動を変える性癖が出てしまったわけだ。今後どういう政治姿勢をとろうとするのか興味が尽きない。二〇二〇年の東京オリンピックを成功させて人気を復活させ、今度は本格的に首相を目指すかもしれない。

第4章　ポピュリズムと経済

前三章で左翼、右翼のポピュリズムを論じたが、主として経済との関連に注目したポピュリズム分析であった。本章ではそれらを経済学の立場から解釈するという目的で議論する。

1　保護貿易主義

❖保護貿易主義とは

アメリカのトランプ大統領は、「アメリカ・ファースト」でアメリカの産業を育成するために、保護貿易主義を主張している。現に二〇一八年の初頭に鉄鋼製品の輸入に関税を課して、保護貿易を実践しようとしている。この政策は人類史上長い歴史を有しているので、経済学の見地から論じてみる。

保護貿易を主張する最大の理由は、安い外国製品が輸入されると国内生産者の生産量が減少するので、雇用者の数が減り、失業者が出かねないし、国内企業は生産量を保持するため、国外に移転しようとするので、ますます雇用者数が減少する可能性がある。これらの減少は企業活動の低下や技術水準の低下を生むかもしれず、国内経済の縮小をもたらすので、一国の経済が弱くなる危惧がある。政府もこの現象を好まないので、企業と一体となって、保護貿易論を展開する。もっとも消費者は輸入によって、価格の安い製品を消費できるので、人々の利益は大きくなる。自由貿易のメリットがここにあることを忘れてはならない。

保護貿易の実践に関して具体的にどのような方策があるかといえば、直接に輸入量を制限する以外にも、関税という国税を課して輸入価格を上げて輸入量の削減を図るというのが代表的な手段である。輸入手続きや製品検査を複雑にしたり、製品基準を外国製品に不利にしたり、国内企業に補助金を支給して外国製品に対抗できるようにする、といういわゆる非関税障壁と称される保護政策もある。二国間においてあまりにも貿易の不均衡があると、輸出国が自主的に輸出規制をしたり、逆に意図的に輸入量を増加させることもある。

経済学、特に近代経済学はこの保護貿易主義を肯定せず、国民の消費を考えたら自由貿易主義が好ましいと主張する。

しかし経済学が唯一、保護貿易を容認するケースがある。それはある製品、あるいはある産業がその国でやっと誕生して生産を始めてから、それを後に増やしたいとするときは、その競合製品なり産業の保護貿易は容認される。それを経済学の世界では幼稚産業保護論と称する。これが容認されないと、その国の産業はいつまでも発展しないこととなる。それはその国のみならず、世界経済の発展にとってもマイナスなので、発展途上国が少しでも豊かになるように、幼稚産業の保護は認められるのである。しかしある程度その産業が強くなれば、保護の撤廃は実行されねばならないのも確かである。

❖一九世紀イギリスにおける穀物法――リカードとマルサス

イギリスはもともと農業の強い国ではなく、国内農家と農地を持つ地主の保護のために、数世紀にわたって小麦に関税を課してきたが、一八一五年には輸入を直接規制して輸入を禁止するにまで至った。これが穀物法であり、保護貿易策の実施であった。この法律をめぐって有名なイギリス人の経済学者二人が論争を行ったので、取り上げる価値が高い。特に保護貿易と自由貿易の是非をめぐる最初の学問的な論争だからである。その二人の経済学者とはデヴィッド・リカードとトーマス・マルサスであり、リカードは『経済学および課税の原理』で代表される古典派経済学の集大成者、マルサスは『人口論』で代表される人口経済学の創始者である。

ここで、自由貿易論と保護貿易論を考えてみよう。穀物法を例にとって議論する。穀物法とは、すでに述べたように、国内での食料調達のために、価格の安い穀物を外国から輸入する量が増加すれば、国内穀物価格が下落して国内農業は不振になるので、国内農業の保護のために穀物輸入制限策をとるのがその主旨である。もう一つ重要な論拠は、外国の食料に依存するようになると、外国での食料不作が発生したときや戦争などがあると輸入ができなくなるので、できるだけ輸入に依存しない自国の生産を中心にした食料調達法が望ましいのである。今でいう食料安保論の走りである。

マルサスは穀物法を主張する論客であった。マルサスがなぜこのような食料の輸入制限策を考えたかの理由の一つとして、彼の人口論と食料に関する見方がある。マルサスは、人口は人口抑制策がなければ幾何級数的に増加するが、生活資料（食料）は算術級数的にしか増加しないので、そのままにしておけば人口過剰・食糧不足が深刻になると考えた。それを回避するにはマルサスは一方で人口抑制策が必要であると考え、具体的な出生抑制策を提案した。他方で食料の安定供給も必要と考えた。その方法の一つとして、国内での生産を増やすために、国内農業を保護するための穀物法の制定を主張したのである。

リカードはマルサスの主張に対して、穀物が自由に輸入される時代であれば、それを輸出する国は貿易利益を求めて穀物生産量を増加させるだろうし、輸出国自体の数も増加するので、たとえ一つの国の農業不作があっても他国から輸入すればよいのであるから、リスクは小さくなると判断したのである。リカードはいわば自由貿易論のメリットを強調しており、マルサスは保護貿易論のメリットを展開しているのであり、自由主義経済を原則とする古典派経済学であっても、国際貿易に関しては二派の対立があった。実はこの対立は現代まで生きている。食料安保論から食料自給率を高めることを主張する派、国内農業の保護を主張する派、ＦＴＡ（自由貿易協定）やＴＰＰで代表されるように農業における自由貿易派など、さまざまな主義が対立して国際的な政治問題にまでなっている。

表 4-1　ラシャ，ぶどう酒の生産量

	イングランド	ポルトガル	二か国の総生産量
ラシャ	100（人）	90（人）	2 単位
ぶどう酒	120（人）	80（人）	2 単位
総労働投入量	220（人）	170（人）	

表 4-2　それぞれを特化した場合の生産量

	イングランド	ポルトガル	二か国の総生産量
ラシャ	220（人）	0（人）	2.2 単位
ぶどう酒	0（人）	170（人）	2.125 単位
総労働投入量	220（人）	170（人）	

❖リカードの比較生産費説

リカードが自由貿易論を主張する背後には、彼が編み出した比較優位の理論（あるいは比較生産費の理論）がある。この理論は貿易を行わないときよりも、貿易を行って国際的な分業をする方が、両国ともに利益を得るという自由貿易論の根拠となったとても有名な定理である。

リカードはイングランドとポルトガルの二国を考え、それぞれの国がラシャとぶどう酒の生産をしており、両国での貿易を考える。リカードは次のような絶妙で、かつわかりやすい生産構造、すなわちそれぞれの生産量一単位に必要な労働人口を示した（表4－1、4－2）。

生産性という視点からすると、ラシャとぶどう酒ともにポルトガルが少ない労働投入量なので、絶対的優位がイングランドよりもポルトガルにある。しかしここからがリカードの卓見である。

ぶどう酒を基準にすると、100/120＝0.83 が 90/80＝1.13 より小さいので、イングランドはラシャ生産に比較優位があり、ラシャを基準にすると、120/100＝1.2は80/90＝0.89より大きいので、ポルトガルはぶどう酒の生産に比較優位がある。これは相対的生産費を比較した結果でわかったことである。イングランドはラシャの生産に特化し、ポルトガルはぶどう酒の生産に特化すれば、より生産量が多くなる。この生産構造に準じてそれぞれが生産に特化し、両国が自由貿易をすればよいのである。

リカードの「比較生産費の理論」は単純な想定の下では見事に成立するのであるが、現実の世界はもっと複雑である。たとえば、両国でのそれぞれの財の需要はどうか、両国間にある賃金額や所得額の差をどう理解したらよいか、関税が入るとややこしくなる。現実の貿易はここでの二国二財モデルではなく、多国多財モデルである。

その後、スウェーデンのヘクシャーとオリーンがリカードの比較生産費説を発展させて、ヘクシャー・オリーン理論を提供した。詳しいことは貿易理論の教科書に譲るが、骨子は次の通りである。それぞれの国の輸出と輸入は各国に依存する資本と労働の賦存比率で決まるとした。具体的には、資本の豊富な国は資本集約的な生産を行い、かつそれを輸出するし、逆に労働の豊富な国は労働集約的な生産を行い、かつそれを輸出するのである。輸入に関してはその逆が発生する。

リカードとヘクシャー・オリーンの理論は、たとえ単純なモデルの下でのものであっても、彼らの提出した貿易理論の精神は、現実の世界では修正されるだろうが、その本質は輝きを失っていないと思われる。すなわち、自由貿易のメリットの理論的根拠を提供したのである。

ここで一つの注目すべき定理に留意しておかねばならない。それは「ストルパー＝サミュエルソン定理」と呼ばれるものである。自由な競争と貿易の下、ある限定的な条件の下で貿易を行うと、輸入可能な財が国内で生産を続ける限り、資本ないし労働という生産要素のうち少なくとも一つは、状態が悪くなるというものである。具体的には、例えば失業率が高くなるとか賃金が低下することがありうると、「ストルパー＝サミュエルソン定理」は教えているのである。これは貿易によってある国の生産要素が不利を蒙る可能性のあることを示しているのである（例えば Hakobyan and McLaren（2016）参照）。

アメリカのトランプ大統領が、アメリカの製造業（鉄鋼業や機械業など）が輸入増加によって被害を受けていると主張し、失業率の上昇と賃金の低下を阻止するためとして保護貿易に走ったのはこの定理を信じているからだとみなしてもよい。貿易論はそれなら製造業をあきらめて生産をやめ、比較優位のある産業に生産を特化すればよい、ということになるが、現実の経済ではなかなかそうもいかないので保護貿易主義の政策を導入しようとするのである。

もう一つ注目すべき点は、金融のグローバル化によって資本の国際移動が盛んになると、資本所得増加の恩恵を受ける人が多く出て、国内で資産を多く保有するお金持ちがますます裕福になるという現象が起きる。それは例えば、アメリカや一部のヨーロッパ諸国における高資産保有者のますますの富裕化を説明する根拠の一つとなる。資本取引の国際的な自由化はこの側面があることを認識しておこう。

❖ドイツ歴史学派――悪化する労働条件に改善策と保護貿易策が必要

ドイツはマルクスとエンゲルスという偉大なマルクス経済学者を生んだが、一九世紀のドイツにあっては、歴史学派の経済学の方がもっと強い影響力を発揮したので、この学派のことを述べておこう。Ａ・スミスに始まり、リカードやミルによる個人や企業の自由な経済活動を重視した先進資本主義国イギリスを中心とした古典派経済学と異なり、歴史学派は後進資本主義国ドイツの状況を反映している。

ドイツにおいてもイギリス流の自由経済を信奉する学派として、「ドイツ・マンチェスター学派」というグループがいたが、歴史学派はこの学派よりも信奉者が多くなった。

主とした経済学者はＡ・Ｈ・ミューラー、Ｆ・リストであるが、彼らの議論は経済の発展は歴史の進展と無縁ではないとする。すなわち、原始時代、牧畜中心、農業中心、工業中心、商業中心というように発展の段階を経るものと考えた。そして時代が進むにつれて国家の役割が大きくなると考えた。そうでないと経済の発展はないと考えてよく、いわゆる国民国家論の提唱となる。

国家に関していえば、イギリスの自由主義貿易論を排し、国家が関税をかけて自国産業の保護を行うことを容認したのである、ここではマルサスとは異なる論拠であることに注意してほしい。すなわち、国の産業を保護育成するために、国家が産業政策の先端に立って、保護貿易策を採用したり、積極的に自国の企業に対して諸々の支援を行うのである。そのことが結局は一国の経済を強くすることにつながると考えたのである。一九世紀にドイツ経済が強くなったのには、この歴史学派の教えも貢献したのである。

一八七三年にドイツで社会政策学会が設立されたが、この時期あたりからの歴史学派を、それまでのミューラー、リスト、それにロッシャーなどによる旧歴史学派と対比させて、新歴史学派と呼ぶこともある。

新歴史学派の学説を一言で要約するならば、資本主義経済が発展すれば、確かにマルクス主義が主張するように労働者の労働条件が悪くなることは避けられず、それを是正するには工場法による労働者保護や社会保険制度の整備によって、安心の賦与、生活の改善などをもたらす政策が必要と主張したのである。

ここで重要なことは、必ずしもマルクス主義のような、たとえば社会主義革命を主張するような強硬な路線を支持せず、比較的穏健な改良主義を思想の核としていたところに特色がある。

なお新歴史学派はその後三つの学派に分裂する。すなわち右派のA・ワグナー、中間派のG・シュモラー、左派のルヨ・ブレンターノである。三人ともに社会政策学会の有力なメンバーであったが、主義・主張の差が目立つようになって、三派が別行動をとるようになった。

ワグナーは自由主義とマルクス主義に反対して、保守主義の立場からキリスト教社会党を一八七八年に創設して、国家社会主義への道に歩む基礎を作った。のちのヒトラーが初期の頃は国家社会主義を信奉していたことを思い出してほしい。

中間派のシュモラーは経済学には倫理的な価値判断が必要であると主張した。これはのちにマックス・ウェーバーによる「価値自由」という思想から批判を受けたことは有名である。
左派のブレンターノは労働組合運動の重要性を説いたし、社会保険制度の充実を主張した。

❖保護貿易か自由貿易か

イギリスとドイツの二国を例にして、保護貿易か自由貿易かの論点を議論してみた。経済学の理論としては自由貿易論が説得的であるし、これまで多くの国でそれを論拠にして、自由貿易を推進してきた歴史がある。しかしいくつかの国では自国の産業保護のために、保護貿易を採用してきた歴史があるし、ごく最近ではアメリカのトランプ大統領が自国産業と雇用を守るために、保護貿易策を主張した。TPP離脱の宣言もこの一環である。移民の抑制策も、低賃金で働いてよいという外国人労働者を排除して、自国民を優先して雇用したいという保護策の一端である。

ここで純粋学問の教えるところと、政治上のスタンスとの葛藤を見ることができる。たとえ経済学は自由貿易のメリットを説得的に主張したとしても、一般の人からはその価値がよく理解できないかもしれないし、トランプ大統領すらそうかもしれない。むしろ短期的な視点からすると、保護貿易によって国内産業が立ち直るのをこの眼で見ることのメリットが人民にとって魅力である。保護貿易では、短期的には人民は高い価格の商品を買わされて不利になるという事実に、一時的に眼をつぶる可能性すらある。トランプ大統領をはじめポピュリストの政治家はこの短期的なメリットを重視するし、人民もそれに呼応するのである。大統領の任期は最高で八年なので、その間に国で雇用が増加したのであれば人民の支持を得られるし、八年後以降全体で評価すると人民は高い価格を買わされるデメリットはあるが、任期終了後のことなので「俺の知ったことか」と開き直ることだってできる。

学問は長期の視点に立脚して分析を進めるが、政治の世界では選挙はあるし短期の勝負で人気取りをせねばならないので、人民の好みそうな政策をポピュリストの政治家は主張する傾向が強い、ということになろうか。学問と政治との葛藤がここで見られる。

2　反グローバリズム

❖グローバリズムとは

グローバリズムとは国境を越えて、地球規模で様々な活動、特に経済活動を展開する行動をさす。時には昔のような軍事力を用いた植民地侵略や帝国主義をもグローバリズムとみなしてよい。しかしむしろ現代では、モノ、ヒト、カネが国境を越えて移動する姿が目立つのであり、これらの現状をグローバリズムとみなしてよい。特に自由経済が進行し資本主義が高度に発展すると、モノ、ヒト、カネの国家間移動が盛んになるので、その効果の是非をめぐって論議は尽きない。一般にポピュリズムは反グローバリズムの立場なので、まずはグローバリズムを知っておく必要がある。

モノの移動は物財の輸出入であり、保護貿易のところですでに論じた。ヒトの移動には、共同体（例えばＥＵ）内の移動と、移民・難民の移動という性質の異なる二種類がある。これについては後に言及する。カネの移動は資本の移動を意味しており、インターネットを用いて資金の移動が瞬時になされる効果は大きい。さらに資本移動は多国籍企業の存在を促しているので、これも今日では大きな役割を演じている。カネの移動についても後に言及する。

グローバリズムを語るときは次の二点を頭に入れて分析しておく必要がある。それは第一に、経済共同体を形成して、域内のモノ、ヒト、カネの移動の自由性は非常に高く、その効果を知っておく必要がある。第二に、すでに述べた多国籍企業の存在とその効果である。

EUは加盟国が同盟を結んで、域内の取引を自由に行う共同体であるが、歴史をたどればドイツ関税同盟（一八三四年）があり、それを知ることによって、現代のEUを理解することが容易になる。そこでドイツ関税同盟を簡単に知っておこう。

かつてドイツは諸国に分裂していて統一国家はなかったし、イギリスの産業革命に先を越されていたので、一九世紀のドイツは経済後進国であった。工業製品がイギリスからどんどん輸入されるし、ドイツは小麦を輸出するという農業国家にすぎなかった。ドイツは経済発展を遂げるために、工業化の促進が至上命題となっていた。プロイセン王国を中心にした国家が産業の育成を図るためには、イギリスからの輸入を抑制するために、保護貿易政策を採用する必要があった。そこで経済学の側面からそれを主張したのが、フリードリッヒ・リストなどを中心にした、すでに紹介したドイツ歴史学派である。

ところがドイツはまだ統一を達成しておらず、小国が分立していた状態だったので、その域内の小国内においては関税を撤廃して、貿易の自由を促進する同盟をつくり、域外については関税を課して保護策を図るという政策をとったのである。これが一八三四年のドイツ関税同盟の発足である。この同盟が一八七一年のドイツ統一に向かわせて、ドイツ帝国が誕生したのである、そのときに活躍したのが、プロイセン王国の鉄血宰相ビスマルクだったのであり、ドイツ型社会保険制度の創設に尽くし、ドイツ連邦国家の帝国として産業の強い、しかも軍事力にも強い国家に仕立てた貢献者である。

ドイツ関税同盟の真骨頂は、域内の関税撤廃という自由貿易であり、域外には関税を課す保護貿易策にある。現代のEUを想定すれば、起源がドイツ関税同盟になるとわかってほしいために、あえてここでドイツ関税同盟を取り上げた次第である。

第二は、グローバル企業が多国籍企業の代名詞のように用いられるなら、多国籍企業のことを再考しておく必要がある。カネ、すなわち資本の移動自由を利用して、資本を他国に投資して世界各地で工場や金融業の支店を開業し、経済活動を世界規模で行う。わかりやすい例は、トヨタ自動車が世界各地で工場を持っていて、トヨタの自動車を生産していることである。

こうした巨大なグローバル企業はどうしても、独占とはいわないまでも寡占力を発揮することとなり、その国の自国企業の発展を阻止することがありうる。換言すれは、国内資本なり国内企業の活躍の場は制限されることとなり、その国の経済発展は阻害されるようになる。多国籍企業は労働力としてその国の人を採用するので、国民の雇用促進という意味では役に立つが、資本がその国保有ではないので、他国の指図の下に経営されることが多く、その国にとって不利になることもある。

✣反グローバリズム

モノ、ヒト、カネの国際活動が盛んになれば、いろいろな問題が発生する。例えば自国の利益が他国によって損なわれる、あるいはあたかも搾取のように奪われてしまう、といった一般的なことから、現地人は安い賃金でしか雇用してくれないので、所得格差の拡大につながりかねない、といった問題もある。あるいは現地人の雇用は不安定なので、少しでも事業が不振だとすぐに解雇される可能性があるし、現地から事業を撤退するのも素早いので、失業者が増大することもある。現地人にとっては労働条件が悪化する可能性が高い。つまるところグローバリズムは国民の間で格差を拡大する可能性が高い。この問題は次章で詳しく検討する。

さらに多国籍企業はその国の資本を牛耳るので、ビジネスや利益だけを目的とする経済活動に特化しやすい。そうすると国民の利益を無視したり、環境問題に無関心だったり、ひいては人権問題にも無関心なことがある。こういう状況にあると、国内の労働者団体、消費者団体、環境団体、人権擁護団体、一般市民から抗議を受けるのである。

ＷＴＯ（世界貿易機構）とかＩＭＦ（国際通貨基金）のようなグローバリズムを推進する国際機関の会議、あるいは資本主義国のトップが集まるサミットの会場で、市民が大胆な抗議運動を行って、開催を阻止しようとした事件は記憶に新しい。

これらの抗議運動は国際的な視点からグローバリズムに反対するものであったが、一国内のレベルでも似た抗議運動は各所で見られた。例えば、二〇一一年の秋にはアメリカのニューヨークにおいて、

「ウォール街を占拠せよ（オキュパイ運動）」という若者を中心にして、一部の富裕層が非常に高い所得を稼得しているのに対して、その象徴であるウォール街の金融機関に攻撃を仕掛けたのである。これもグローバル化の下で儲けが巨大になっている金融機関が批判の対象となった運動である。

❖ナショナリズムの意味

ポピュリズムの主張する反グローバリズムの運動は、ナショナリズムの復活ともみなせるので、ここでナショナリズムのことを一考しておこう。ナショナリズムの復権を象徴する言葉はアメリカのトランプ大統領による「アメリカ・ファースト」で代表されるように、自国の利益を第一に掲げてそれを追求し、他国との協調や地球規模全体での利益追求を排する考え方である。

そこでナショナリズムを歴史上と政治、経済の観点から評価しておこう。ナショナリズムはもともと外来語であり、訳語には民族主義、人民主義、国民主義、国家主義、国粋主義などが用意されているが、これらの訳語の意味するところは微妙に異なっていることに注意されたい。同一の民族、宗教、文化、言語などを共有している人々が国家を形成するのであるが、その国家に属する国民の利益と権利を保障するのが、ナショナリズムである。近代国家であれば、国からの保護、そして様々なサービスを受けるには、その国で国籍を有するのが条件である。その国の制定する憲法や法律の規定するところに国民が従うのも条件である。国家の政治形態としては民主国家もあれば、王制を持つケースもあって一様ではない。

ここで列挙した民族、宗教、文化、言語といった同一性も、国家を形成する唯一の条件ではない。民族の定義はそれこそ困難である。そこには人種の違いをどう考えるかが絡んでくるので、例えばアメリカという国は民族の同一性という条件は存在しない。スペインにおいても、バルセロナ近辺のカタロニア地域と他の地域では民族は異なっているし、イギリスでもイングランドとスコットランド、アイルランドでは民族は異なっているとの見方がある。

言語の同一性についても、カナダは英語とフランス語、ベルギーはフランス語とフラマン語、多くのアジア、アフリカ諸国では同一国内で複数の言語を用いているケースは非常に多い。宗教に関しては、イスラエルはユダヤ教の国として代表的であるが、他の国では一国内で複数の宗教を信じる人々が住んでいる。

ここで列挙した人種、民族、宗教、文化、言語などの特質から国家を理解すると、それこそ様々な性質を有する国家が地球には存在しているということになる。むしろ、これらの特質を共有するという条件とは別次元から国家を理解することも可能である。それは何らかの設立経緯を経て成立した国家において、市民権ないし国籍を有している人々が、憲法なり法律を制定して国家としての存在を国民として認め合い、他国と一線を画している状態にある。

人種、民族、宗教、文化、言語などを共有する事実を国家とみなすと、日本はそれらの同一性が非常に高い国家と理解できる。確かに少数の異民族、異宗教を持つ人々も存在するが、他国と比較するとその同一性は非常に高い。しかも島国なので、他国の侵入、あるいは領土をめぐる争い、そして他国家との紛争に巻き込まれる確率は低くなる。同一性が高いだけに国民が国益を統一できる可能性が高まるメリットがある一方で、島国根性で象徴されるように、国際性の感覚に劣る点があるし、グローバリズムの流れに遅れがちというデメリットもある。

人類の歴史上でナショナリズムを最初に認識したのは、一六四八年のウェストファリア条約とされる。三十年戦争という宗教（キリスト教におけるカソリックとプロテスタント）上の対立と諸侯間の対立、そして神聖ローマ帝国をどうするかをめぐった戦争の終結時に締結された世界で最初の国際的な講和条約である。この条約の骨子は次のようにまとめられる。①カソリックとプロテスタントの平和的共存の確認、②神聖ローマ帝国の実質的解体、③ドイツに存在する数多くの諸侯の独立、④フランス、スウェーデン、オランダ、スイスなどの独立主権国家の実質的承認、である。

ナショナリズムとの関係であれば、③と④が重要で、ドイツ諸侯が独立主権国家として認められたこと、他のヨーロッパ諸国においても主権国家としての地位が確立した点にある。もっとも、国家を統治するのは民主政治による国民ではなく、諸侯の国王や国家の国王であり、国益は主として国王によって主張されるし、国家間の交渉も王族間でなされる時代であった。とはいえ、ドイツ内の諸侯、そしてヨーロッパにおける国家の存在が鮮明になったことにより、ナショナリズムすなわち民族主義、国家主義が重要な思想となったことは忘れてはならない。

なお一七世紀のウェストファリア条約以降、一八世紀、一九世紀に入ってもう一度ナショナリズムは台頭する。例えば、一七八九年のフランス革命、そしてその後のナポレオン皇帝の出現は、改めてフランスという国家の存在を国民に再確認させた。一九世紀に入ってドイツ諸侯がドイツ帝国をつくって統一し、イタリアでも同様なことが起こったのであり、民族主義、国家主義がいよいよ絶頂期に入るようになったのである。これが国家間の利害対立による争いの源となり、その後第一次、第二次の世界大戦に突入したのである。

一方で、オーストリア＝ハンガリー帝国で象徴されるように、帝国内でハンガリー・チェコ民族は植民地のような扱いを受けて民族の不満は高まっていた。その現象はヨーロッパ諸国の植民地になっていたアジア、アフリカ、南米における諸国でも、民主主義、国家主義による独立運動として高まったのであるが、こういった民族による独立を目指す姿もナショナリズムの一環であると理解してよい。

細かくいえば、一九世紀におけるヨーロッパでのナショナリズムは「国民主義」、一九世紀と二〇世紀におけるアジア、アフリカ諸国での独立運動のナショナリズムを「民族主義」と理解できる。

❖ごく最近におけるナショナリズム──スコットランド

ここでごく最近のナショナリズムの復活を取り上げてみよう。最初はイギリスのＥＵ離脱である。二〇一六（平成二八）年の六月二三日、イギリス国民は国民投票によって離脱を決定した。その後イギリス国会においても離脱を決定したので、いつどのような条件で離脱を成し遂げるかが次の課題であるが、離脱交渉は難航を続けており、いつ成し遂げられるかは不透明である。イギリス国民がなぜＥＵ離脱を望んだかについては第二章の右翼ポピュリズムのところで検討したので、ここではそれらにはさほど触れず、第二章で述べなかったことを中心に論じてみたい。

まずはイギリス全体としては、脱EUという反グローバリズムのナショナリズムの復権を果たそうとしているが、イギリス国内においてもそれをもっと推し進めようとする動きが無視できない。それはUK（ユナイテッド・キングダム＝大英帝国）と称される国を形成しているイングランド、スコットランド、ウェールズ、（北）アイルランドという一段と狭い地域に住む人々の独立運動である。特にスコットランドにはUKからの離脱を目論む人々が多くおり、数年前にはスコットランドで国民投票を行い、僅差で独立が否定されたほどである。イギリスは国内においてスコットランドによるナショナリズムを突き付けられているのである。

なぜスコットランドにはUKからの独立を望む人が多くいるのか、いくつかの理由を指摘しておこう。第一は歴史的な経緯である。もともとUKが成立する前のイギリスは、イングランド、スコットランド、ウェールズ、アイルランドという王国から成る小国分立の国であった。スコットランドは一七〇七年にイングランドに併合された。それら個々の小国のままでいたい、あるいは元の姿に戻りたいと望む人々のいることは不思議ではない。言語、文化が微妙にイングランドとは異なるので、独立によって自己の伝統を保持したい人々が、スコットランドには存在するのである。

第二に、スコットランドはUKの中でもいくつかの工業部門が強く、自由貿易のメリットを享受している地域であった。そこにイギリスのEU離脱の決定によって、自由貿易に黄信号がともり、スコットランドが独立して独自にEUに加盟する策によって自由貿易のメリットを復活させたいという主張がある。

第三に、イギリス全体を見渡せば、スコットランドという北部は製造業の衰退が見られる一方で、イングランドという南部にはロンドンを中心にした国際金融都市としての繁栄があり、南北間には経済格差がある。スコットランドは中央政府から補助金を得ていたが、イギリス政府自体の緊縮財政政策によって、補助金が削減されそうな気配があった。それならスコットランド自体がEUに加入して、EU本部から補助金を受領した方が得策であるとの考え方への支持が一部にある。EU内ではギリシャ、スペイン、ポルトガルなどの南欧諸国は財政赤字が深刻なのでEU本部から金融支援を受けているのであり、スコットランドも独立してEUに加盟すればその恩恵が受けられるかもしれない、という期待があるからによる。イギリス政府に頼るよりも、EU本部に頼る方が好ましい、という意見の存在である。

スコットランドの人々がイギリスからの分離独立を成功させるか、あるいは不成功で終了するかの予想は困難である。スコットランドのナショナリズムが今後どう進行するのか、専門家の間でも意見の相違があるし、イギリスのEU離脱がどういう姿で決着するのかにも依存するので、筆者による予測は避けておこう。

❖独立を目指すカタルーニャ

スペインの地中海に面した自治州にカタルーニャ（現地語）（英語ではカタロニア）があり、民族主義に基づいてスペインからの独立運動がある。EU内におけるもう一つの独立運動を簡単に見ておこう。カタルーニャの国に関しては立石・奥野（二〇一三）を参照した。

歴史をたどれば中世の時代においては、カタルーニャは独立の王国を持っていたが、一五世紀にはスペインを統一したスペイン王国の中に統合された。そののちいろいろな経緯を経て、一九三九年に独裁者・フランコによってカタルーニャは完全にスペインの中に入り、自治は大きく制限された。しかも独自の言語の使用を禁止されるという弾圧も受けた。しかし一九七五年にフランコが去ると、スペインの民主化は進行し、カタルーニャにも自治権が与えられたし、言語の使用や独自文化の復興も認められた。

二〇一〇年あたりからスペインからの独立運動が起こるようになった。その動機にはいろいろなものがある。第一に、民衆がカタルーニャの言語・文化を強く意識するようになった。第二に、地域の経済は結構強くて、スペイン経済全体の不振の中で、地域経済の繁栄を独自に続けたいという希望を持つようになった。換言すれば、自分たちの強い経済は他州の弱い経済をこれ以上助けなくてよいと思うようになった。第三に、スペイン中央政府がカタルーニャの自治を制限する動きに出るようになった。こうしてカタルーニャ民衆の独立運動が盛んになっていった。

二〇一四年から二〇一八年にかけての、地域内での住民投票や州議会選挙によって、独立派が多数を占めるようになったので、独立運動は一気に高まることとなった。しかしスペイン中央政府は、独立が憲法違反であるとの方針の下に、独立を認めないどころか、州政府の首相を国外逃亡にまで追い込むような強硬手段をとっている。

現在は独立運動は混沌としているといってよいが、その理由としては、民衆の中では独立賛成派と反対派の比率が拮抗している点が大きい。独立せずにスペイン、あるいはEUにとどまっている方が経済的にも好ましいと思う人々がかなり存在しているのである。独立したら人口七五〇万人の小国になるので、たとえ地域内の経済は強くとも、グローバル化から取り残されるかもしれないと危惧する人々の存在である。

独立を達成するかどうかの予測は困難であるが、カタルーニャの独立運動は、グローバル化、ナショナリズムないし民族主義、ポピュリズムを理解する上で貴重な例なので、簡単に知っておくだけの価値がある。

3　福祉の対象は国民、あるいは市民に限定すべきか

❖第二のナショナリズム

第二のナショナリズムの台頭は、第2章で述べたことでもあるが、北欧諸国で見られる現象である。それは自国民を大切にして、外国人や移民の人々の権利を制限しようとする動きである。もともと北欧諸国では移民や難民、あるいは外国人に対して社会保障制度の適用には寛大であった。保険料や税金を拠出する国民だけに福祉サービスの提供をする、というのが多くの国での慣習であるが、北欧諸

国においてはそれが厳格ではなく、外国人に対しても制度への加入やサービスの提供が寛大であった。その理由としては、北欧諸国の人々は人道主義を愛する心意気が強いし、小国であるがゆえに国民の間でも連帯感の強い伝統があったので、外国人への適用に対して抵抗感が少なかったことがあげられる。

福祉サービスの提供や社会保険制度への加入を自国民という市民に限定するかどうかは、福祉国家論において大きな論点であった。その地域に住む人々はすべて同等の人権を保有するという思想を信じる人は、自国民（すなわち市民権を保有する人）だけでなくその国に住む外国籍の人にも福祉に関して同等の権利を保障すべしと考えるのである。一方で市民権（あるいは国籍）を保有しない人には、別の処遇があってよいと考える一派が存在する。

❖思想としての普遍主義・自由主義 対 選別主義・共同体主義

国籍を有する市民だけに限定すべきか、それとも外国籍を持つ人も同等の権利を有しているかという論点を哲学・倫理学の視点から論じてみよう。哲学・倫理学からは前者を普遍主義（ユニバーサリズム）、あるいは自由主義（リベラリズム）とみなし、後者を選別主義（セレクティヴィティズム）あるいは共同体主義（コミュニタリアニズム）とみなすことで理解が容易になる。

普遍主義を社会保障に関してやさしくいえば、個人の持っている特性や属しているグループとまったく無関係に、すべての人に同一レベルの福祉サービスなりセーフティ・ネットを提供する考え方をいう。いわば、社会保障のサービスが全国民を対象に、かつ均一のレベルで提供される主義といえる。本節での関係でいえば、自国民・外国人を問わずそこに住むすべての人が、福祉サービスを受ける権利を有するということになる。倫理学における普遍主義に相対する考え方は、共同体主義と呼ばれる。社会保障の分野で共同体主義という言葉はさほど用いられてこなかったので、ここではそれをあえて用いて、理解を深めたい。

普遍主義対共同体主義は、基本的には哲学・倫理学の分野で対比される概念である。たとえば、ラスマッセン（一九九八）が代表的である。これは自由主義対共同体主義という対比でも理解されうる。もし社会保障の分野で共同体主義を定義するのであれば、ドイツ、フランス、日本の社会保険制度で見られるように、共通の産業や職業に属する人々が、お互いの加入者の範囲内で「助け合い」ないし「セーフティ・ネット」を用意する主義である。すなわち、共通の特性を持った個人が加入する共同体の中で、負担とサービス提供を図るのが、共同体主義的社会保障といえる。いわば、選別主義であるといってよい。本節での関係でいえば、福祉サービスを受ける権利を有する人は、国籍を共有する市民に限定されるべきで、そこに住む外国人はその権利を有していないということになる。

社会保障制度が議論されるとき、普遍主義対共同体主義の対比はさほどなされないが、哲学・倫理学における普遍主義対共同体主義になぞらえて、ここでは社会保障と社会保険の分野でも、両者の対比が可能として議論を進める。

共同体主義は普遍主義に相対する考え方であるとしたが、ロールズ（二〇一〇）を中心とする自由主義（リベラリズム）に対する批判思想でもある。むしろ、自由主義対共同体主義という論争が、普遍主義対共同体主義の論争に拡大されたといってよい。すなわち、ロールズ（二〇一〇）に対するウォルツァー（一九八三）やサンデル（一九九二）の批判は、アングロアメリカン諸国内での自由主義対共同体主義の論争であるが、ハーバマスとルーマンのようなドイツ圏の思想も取り入れた普遍主義対共同体主義の論争へと拡張されていったといってもよい。

コミュニティ（共同体）とは何を意味するのかということをまず知っておく必要がある。福祉の担い手としてのコミュニティ（共同体）とは、共通の特色を持った人たちの集まりであると理解される。それは、性、民族、宗教、国籍、地域、企業、職業、等々、様々な基準によって区別される特色である。

同一のコミュニティに属する人たちの間での思いやり、愛情、連帯感、等々を重視する。従って、それぞれの人の属するコミュニティを自己が認識することから始まる。それを自我同一性（アイデンティティ）と呼ぶ。他者のコミュニティとどう異なるかを差別化することも重要な作業となる。同じコミュニティに属する人たちは、行動様式、道徳観、倫理観を共有する場合が多いので、当然のごとく異なるコミュニティに属する人と異なる行動様式、道徳観、倫理観を持つ可能性が高い。

もっともセン（Sen 1999）によると、生まれながらのコミュニティだけではなく、どのコミュニティに属するかも、本人の選択によるケースがある。すなわち、個人の主体的な選択や、コミュニティの倫理にとらわれない理性的な別種の活動や行動もある。個別のコミュニティを超えて、より普遍的な主義・主張に到達することが可能であるとして、伝統的な共同体主義を批判している。

そもそも共同体主義はロールズの自由主義への批判から始まったので、ロールズの自由主義を簡単に描写しておく必要がある。ロールズは二つの原理を主張した。第一の原理は、各人はすべての人に与えられる自由と矛盾しない範囲で、基本的自由に対して平等な権利を持つこと、第二の原理は、もっとも恵まれない人々がもっとも恩恵を受けるようにすること（格差是正原理）、である。これはマキシミン原理と理解してよい。これら二つの原理は、ロールズ流「正義の理論」として普及した。

ウォルツァーはロールズの普遍主義的な正義論に対して、共同体主義の立場から批判する。それは次の二つに要約される。第一に、あらゆる時代や文化に共通であって、しかも分配の対象となった財の多元性を説明するような唯一の分配原理は存在しない。むしろ正義は、異なった社会的財が、異なった理由によって、異なった手続きを通じて、分配されることを要求する、とされるものである。

第二に、正義には抽象的な基準は存在せず、具体的な社会と制度の公正に関して判断を下すことができる、とする。これはある特定のコミュニティにおいては、そのコミュニティ・メンバーに通用する分配の原理が存在しうる、というように解釈できる。

ここに述べた二つのことは、「異なったコミュニティに対する異なった財は、異なった理由によって、異なった手続きを通じて、分配されうる」とする、「多元主義的理論」と要約できる。これは共同体主義の思想に通じる。

サンデルはロールズの格差是正原理に関して、次のような批判をする。すなわち、具体的な絆、共通目標、歴史を共有するコミュニティの人たちの思い入れ、等々がロールズの原理には欠けている。先程アイデンティティの議論をしたが、ロールズの世界には、共同体や伝統によって結びつけられたアイデンティティへの配慮がない、というのがサンデルのロールズ批判である。

以上、普遍主義ないし自由主義対共同体主義の論争をわかりやすく要約すれば、次のようになる。すべての人（すなわち異なるコミュニティに属する人々を含めて）を満足させるような平等思想はありえないし、平等を達成することも不可能であるというのが共同体主義であるのに対して、普遍主義ないし自由主義は、手続きさえうまくいけば、普遍的な平等を達成することは可能であるとする。さらに、前者では人に満足を与える財ないし価値は多次元であるし、人の属性によってその選好と判断は異なるとみなす。後者では、不平等のないように最低の生活水準を引き上げるという意味で、価値（例えば所得水準、消費水準）を統一すれば、正義を達成することは可能であるとする。

この考え方の違いを、福祉の対象を市民に限るか、それとも移民や難民といった外国籍の人も含めるべきであるかという問題にあてはめていえば、前者が共同体主義、後者が普遍主義あるいは自由主義ということになる。

❖社会保障における普遍主義対共同体主義

福祉の分野にロールズの自由主義をあてはめれば次のようになる。すなわち、人は契約主義の前提に立つので、もしある人が最低の生活水準以下しか与えられないような立場に置かれたのなら、その状態を拒否する自由と権利がある。それは国籍を問わずすべての人々が最低水準の生活を送れるように、政府が制度を保障するような社会を、国民の合意の下で選択するはずである、と結論づけられる。ロールズ理論の最大の貢献は、社会的公正ないし正義の原則によって、包括的かつ再分配的な福祉国家の擁護を、哲学と倫理学の立場から積極的に展開したところにある。筆者の理解によると、それを共同体主義的な立場からではなく、すべてを包括する普遍主義的な立場から主張したところに意義がある。

もっとも、ロールズ『正義論』は福祉の専門書ではなく哲学書なので、福祉や社会保障の分野で具体的な問題について提言しているわけではない。すなわち、社会保障における公正とは何か、政府の役割はどこにあるのか、といった原則論が中心であり、具体的な問題には踏み込んでいない。しかし、ロールズの主張は、少なくとも福祉国家を倫理的に支持する意味で、画期的な貢献なのである。

一方、社会保障に関して、共同体主義をどう理解すればよいだろうか。共通の特性を持った人たちが選別されたコミュニティを形成し、その人たちの連帯感に基づいて、その人たちだけで社会保険制度を持つことが、共同体主義に立脚した社会保障制度である。ドイツ、フランス、日本に見られる職業別、産業別、年齢別に区分された複数の年金制度や医療保険制度がそれに該当する。わが国では企業別、というのが特に意味が大きい。職業、産業、年齢、企業等と無関係に、すべての国民が唯一の普遍的な制度である年金や医療保険に加入する普遍主義と異なるのである。

ドイツ、フランス、日本の人たちは、倫理学として評価すれば共同体主義志向が強いから、社会保障制度がこのようになったのだろうか。スウェーデンのような北欧の人たちは、倫理観として普遍主義／自由主義志向が強いから、社会保障制度が唯一の普遍制度で運営されているのだろうか。すなわち、ドイツ人、フランス人、日本人は、産業、職業、企業、年齢等で選別された同一のコミュニティに属する人たちの思いやり、連帯感を大切にするのに対して、北欧の人たちは国民全員が唯一のコミュニティに属していると判断し、国民全員の思いやり、連帯感を大切にしている、と解釈可能である。

ここで重要なことは、社会保障における共同体主義志向か、普遍主義志向かは、歴史の発展段階にも影響を受ける。ドイツとスウェーデンの社会保険制度も初期の頃は、共に産業や職業別に組織された制度であった。その後スウェーデンは徐々に普遍主義の方向に転換していったが、ドイツにはそのような傾向はなく、共同体主義的志向が保持されて現在に至っている。国の規模の大小も影響があると思われる。

現代の北欧諸国でポピュリストが主張するような、福祉ないし社会保障のサービスを国民、ないし市民に限定すべきで、移民や難民といった外国籍の人を排除すべきという思想は、共同体主義に沿った主張とみなしてよい。これまでの北欧諸国であれば、国籍を問わずそこに住む人々すべてに福祉ないし社会保障のサービスを提供すべきとする普遍主義、ないしロールズ流の自由主義を信じる人が多かった。現代に至って前者を主張する人の数がポピュリストを中心に増加し、後者を主張する人の数が減少したのである。その理由の一つは、移民・難民の数が北欧諸国においても増加したので、財政負担が耐えられないという危機意識がある。さらに、もともとは移民・難民に寛容であった北欧の人々も、その存在を忌み嫌う人の増加の影響もある。

最後に、重要な点を一つ述べておこう。北欧諸国においても共同体主義が強くなって、福祉・社会保障を移民・難民に適用することに反対する人の数は増加しているが、自国民の福祉サービスの程度を低下させよ、という主張の声は北欧諸国ではまだ小さいのである。日米英独仏といった国では経済効率を高めるために、福祉サービスの程度を小さくするようにという主張の強いのが現代であるが、北欧諸国においてはそれはまだかなり弱い。ポピュリストによる批判は、移民・難民という外国人への福祉適用策だけに向けられているにすぎないのである。

❖税金を払うのは嫌だ――ティーパーティ運動

社会保障制度の充実を好まない人々の存在を論じたが、彼らの主張の根拠には政府から税や社会保険料を徴収されるのが嫌だ、という感情が働いていることを理解する必要がある。これに関して、税金を払うのは嫌だとする思いの強い人々が、アメリカのポピュリストとして存在していることを認識しておきたい。特にそれはティーパーティ運動として二一世紀に入ってからポピュリズムの一つとして勢いを持ったので、ここで論じておこう。

ティーパーティは一八世紀にアメリカがイギリスから独立を画策した時代に起源を持つものである。一七七三年にボストンで発生したボストン茶会事件が発端であった。植民地であったアメリカは宗主国・イギリスからいろいろな税を課されていたのであり、それに対する反感がアメリカ人の間で強くなっていた。象徴的な事件が一七七三年の一二月に発生した。茶税に反対する一部の過激派が、ボストンに停泊中の東インド会社の船を襲い、茶を海に投げ捨てたのである。これがボストン茶会事件と称されたのであり、英語では「Boston Tea Party」であり、あくまでも一事件にすぎなかったところに、Tea Party が後になって税を嫌悪する党派の意味に転用されたのである。現時代における嫌税を主張する政治グループは「ティーパーティ」を標語として象徴的に用いているのである。

アメリカ人は移民と移民の子孫が多くを占める国民なので、自主独立の精神はかなり強い。換言すれば、民間部門の自由な経済活動を尊ぶので、政府は小さくてよいという思想を持つ人が多い。しかも政府のやる仕事は、国防、警察、外交だけでよいとする夜警国家論の信奉者もかなりいた。これらの主張では政府の規模は小さくてよいということになるので、国民から税を多く徴収しなくてよい、という思想に結びつく。

もう一つ重要なことは、国民のほとんどの人は自分で働いて稼いだ所得に対して、政府から税を徴収されることを好まないのが普通である。せっかくの所得を他人から奪われるのが税である、との認識を多くの人が抱くのである。ティーパーティ運動は国民の強い嫌税感に迎合しようとしたポピュリズムの側面を保有しているのである。

ティーパーティ運動はこうして「小さな政府と少ない徴税」を目指す政治団体に成長し、保守派ポピュリズムの一派として主として共和党の支持母体となっていった。二〇一六年の大統領選挙においては、トランプ支持団体として有力な一つの組織にまでなったのである。まさにトランプ大統領はポピュリズムのただなかにいる、ということがティーパーティの支持によっても明らかなのであった。

4　アメリカ・トランプ大統領の経済政策

✣衝撃的なトランプ大統領の登場

二〇一七（平成二九）年一月二〇日にアメリカでドナルド・トランプ大統領が就任した。前年の二〇一六年一一月八日の大統領選挙によって、民主党のヒラリー・クリントン候補を破っての勝利であった。一般国民の総投票数ではクリントンがトランプを上まわったが、アメリカの、州ごとの選挙代理人を選ぶユニークな選挙方式によって、選挙人の投票では共和党のトランプが勝利したのである。共和党の予備選挙の段階では候補者としては完全な泡沫候補であったが、あれよあれよという間に共和党の大統領候補に選出され、本選挙においてもクリントン候補の勝利が予想されていたところに、意外な人が大統領に選ばれたというユニークな印象のある人である。トランプ大統領はごく最近の人なので、本節の記述は新聞、雑誌、テレビなどの報道を材料にしたものである。

大統領選挙前における発言、主張、そして大統領就任後にツイッター上で自己の主張を述べるという手段から発せられる発言、主張も従来の大統領とはかなり異なる内容である。二言でその特色を要約すれば、「ポピュリストとしてのトランプ」「アメリカ・ファースト」という言葉で象徴してよいと思う。本書の主題の一つがポピュリズムなので、トランプがなぜそれに該当するのか、やや詳しく検討する。「アメリカ・ファースト」は彼が経済政策を主張する際の基本原則になっているので、特に詳しく議論する。

❖移民排除政策

まずトランプがポピュリストであることを鮮明にした最初の政策は、移民排除政策である。資本主義の盟主であることから仕事に就ける可能性の高いことと、成功すれば非常に高い地位と所得が得られるかもしれないという希望の下に、これまで数多くの外国人がアメリカで働きたいと移住を求めてきた。それは労働許可証を得た上での入国と、不法にアメリカで働くという二つの種類に区分できるが、トランプの関心は主として後者に向けられた移民排除であった。

特に不法に移入してくる隣接国のメキシコに対して国境に壁を作って、物理的に入り口を防ぐという強硬策をトランプは打ち出した。しかも壁作成の費用はメキシコ側の負担による、という実現不可能な策に対して、アメリカ人の相当な部分が喝采を浴びせたのである。不法移民の流入によってアメリカ人の職が奪われているという庶民の意識に訴える効力があったのである。

もう一つアメリカ人の心を動かしたのは、二〇〇一年九月一一日の朝にニューヨークの高層ビルにアラブ系のテロリストが飛行機で突入して、多数の死傷者を出した、いわゆる九・一一事件の衝撃がある。移民・難民はそういうテロという大事件を起こす人であるとの印象を強く与えたので、それらの人々への悪い感情が、一般人への移民・難民の排斥策への支持を高めたのである。

話題を外国人労働者の移民に戻そう。一般に移民は低学歴で低技能の人が多いと理解されている。一つには受入国において低技能で低賃金、しかも多くの人がやりたがらない仕事を外国人は、好んでとまではいわないが、本国での労働よりも条件が良いので就労する希望があることによる。

一方で高学歴で高技能の保有者にも移民は発生している。例えばアメリカのIT企業ではシリコン・バレーで働く人の多くはインド人であるとされており、最近のアメリカ産業の担い手であるIT分野ではインド人が欠かせないのである。現にアメリカのIT企業のトップ経営者は、有能な外国人をアメリカに流入させないとする移民抑制策に反対の声明を出したほどである。

日本においても移民の流入は高技能保持者に限定すべきで、低技能の人を流入させるべきではない、という議論がなされる。それは、低技能の人を入れると、治安が悪くなるとか社会において摩擦を発生させるという危惧があることによる。いっぽう高技能の人を入れるのは、受入国の経済活性化に役立つという期待があることによる。高技能保有者を積極的に受け入れ、低技能者は消極的にしか受け入れない（例えば雇用期間を限定する）とか、受け入れを禁止するという策は、受け入れ側の身勝手な要求と解釈できなくもない。

移民の経済学、あるいは外国人労働の経済学によると、拠出国や流出側はどうしても受け身にならざるをえず、受入国や流入側の方がどうしても発言力が強く、かつ規制策を導入しやすい。なぜならば、受け入れを阻止すると受け入れ側が決めれば、どうしようもないからである。この論理を援用して、トランプ大統領はメキシコ人の流入をはじめ、移民・難民の流入を禁止する策を企画している。

メキシコ国境に壁をつくると高々と宣言したトランプ大統領、その後その策が進んでいるとは聞かないし、イスラム圏の国に属する人の入国を禁止する案も提唱したが、アメリカの司法当局はそれを違法と判断してその策は頓挫した。トランプ大統領の希望した移民・難民の阻止策がどれだけ成功するのか、移民と移民の子孫で成立するアメリカだけに、そう容易に成功しないだろうと予想している。

❖保護貿易政策

トランプ大統領の経済政策としては、この策がもっとも代表的であるとみなされる。国外から大量の安い製品が輸入されることによって、国内産業が被害を受け、生産量と雇用の減少はアメリカ経済にとってマイナスになっていると判断して、関税率のアップ策や、その他の輸入抑制策、貿易相手国に対してアメリカからの輸入をもっと増加せよ、との要求を突き付けている。アメリカとの貿易不均衡の目立つところの中国、日本、ドイツに対しての要求には厳しいものがある。もともと自由貿易を主張してきたアメリカにとっては、一八〇度の政策転換である。

これまでのアメリカ経済は往々にして双子の赤字、すなわち大幅な貿易赤字と財政赤字に苦しんでいたが、世界一の経済大国という自負とドルの強さから、そう慌てふためくことはなかったし、アメリカ国民の大量消費が世界経済の繁栄に寄与してるメリットを各国が賞賛していた。この双子の赤字を埋めるべく、世界の国々、特に貿易黒字の大きな国々、すなわち日本、中国、ドイツなどが大量のアメリカ国債を購入して、アメリカ経済の破滅を防いでいたのである。

この現状をトランプ大統領は是とせず、貿易不均衡の是正のために輸入を抑制する保護貿易策に走ろうとしているのである。それによって国内産業の振興を図って、雇用の確保をアメリカで行おうとの魂胆である。またこれまで、安い労働力を求めてアメリカ企業は国外に進出していたのであるが、国内雇用を増加させるために、アメリカ国内に工場などを戻すように、様々な政策を施している。これに似た政策として、外国企業がアメリカ国内に投資して工場をつくるように、という方針を主張して、外国企業の誘致を行っている。これらの政策の目標は、アメリカ人の雇用を増やす、すなわち「アメリカ・ファースト」というところにある。

その象徴的な出来事は、トランプ大統領によるＴＰＰ（環太平洋パートナーシップ協定）からの離脱である。太平洋に面した国々の一二か国が、自由貿易協定を結んで参加国内での関税率を下げたり、非関税障壁を撤廃して自由貿易を促進することを主目的とし、かつ域内の取引をできるだけ自由にするために産業、知的財産、貿易慣行、政府調達などの諸規制を撤廃するのがＴＰＰであった。二〇一五年一一月にアメリカのアトランタで合意に至り、二〇一六年の二月にニュージーランドでＴＰＰの署名式が行われた。

ところがである。二〇一六年のアメリカ大統領選挙では、民主党での候補を争った民主党のバーニー・サンダースと共和党のトランプ候補は、ともにＴＰＰ反対を主張したのである。格差是正を第一に掲げてのサンダースの反対理由は、アメリカ労働者にとってメリットはなく、大企業だけに利するのがＴＰＰであるというものだったし、トランプの反対理由はアメリカという国家の存在は否定されかねないというもので、どちらもグローバル化への抵抗と保護貿易策への傾倒の証であった。

経済大国のアメリカが離脱した後のＴＰＰがどのような進路を歩むのか、現時点ではアメリカを除いた一一か国で進もうとしている。本書の関心から離れるので、ここではトランプ大統領の主導の下で、アメリカがＴＰＰからの離脱を決定したことだけを書いておこう。イギリスのＥＵ離脱、アメリカのＴＰＰ離脱という反グローバル化の流れは、これまでアングロ・アメリカン主導による自由化政策やグローバル化を推進してきた英米両国が、反グローバル化に舵を切るという、意外ではあるが、画期的かつ世界的に影響の大きい事件なのである。

❖パリ協定からの離脱

地球温暖化対策の国際的枠組みである「パリ協定」からの離脱を、トランプ大統領は就任後の二〇一七年六月三日に発表した。これは国際的な協調路線からの離脱であり、これまた世界に衝撃を走らせた。地球はCO_2やその他の廃棄物の大量流出によって、気候温暖化、異常気象、水不足、砂漠化、森林破壊など様々な環境問題を起こしてきており、それを阻止するために多くの国が参加した国際協定が「パリ協定」であった。

トランプ大統領によると、まずは地球の環境破壊はいわれるほど発生していないと主張しているし、「パリ協定」の実行はアメリカ国民にとって利益にならない、というのが離脱の理由である。実行には巨額の税金をアメリカ国民に課することになるとの批判もしている。アメリカ国内においてもこの離脱発表には反対の声も強いが、「アメリカ・ファースト」を掲げるトランプ大統領ならではの、国際協調の無視という暴挙である、と筆者は判断している。

一九九七年に京都で気候変動枠組条約（京都議定書）が成立して、地球温暖化を阻止する国際協調がなされたが、このときは先進国だけに規制が課されて、発展途上国は参加していなかった。パリ協定は発展途上国も参加して世界的規模での環境問題と気候変動問題への対策の合意があっただけに、世界で一、二位を争うCO_2などの温室効果ガス排出国のアメリカの離脱は、世界で禍根を残すほどの評判の悪い政策といえる。

❖国内経済対策はケインズ型と新古典派型のハイブリッド

対外国との関係においてはトランプ大統領は「アメリカ・ファースト」を掲げて、自国の利益になる政策を導入した。特に保護貿易主義で象徴されるように、短期的にアメリカにとって有利になることを目標にしたので、例えば失業率の減少という効果が出現したとしても、中・長期的にそれが持続するかは不明である。ここでは中・長期的にも配慮した経済政策を考えてみたい。

もともとトランプの属する共和党は経済政策に関しては、新自由主義ないし新古典派経済学に沿ったものであった。規制緩和、競争重視、福祉削減、小さな政府、といったことが代表的な政策目標であり、一九八〇年代のアメリカ・レーガン大統領、イギリス・サッチャー首相を中心にした経済政策の踏襲であった。学問的にはケインズ経済学から離れて、市場原理主義の新古典派経済学の政策が共和党の経済政策の伝統であった。

ところが意外なことに、トランプは伝統的な共和党の経済政策をかなりの程度踏襲しながらも、ケインズ経済学の思想を導入しようとしている。具体的には、産業の弱くなった地域（ラストベルトと称された五大湖近辺で製造業が弱くなった地域が代表）を中心にして公共投資を行い、公共事業による経済活性化を企画した。公共事業によって建築業、鉄鋼業、運輸業などが活性化し、雇用の増大が期待できるのである。公共事業を増やすことは政府の役割に期待することを意味し、ケインズが不況脱出のために公共事業を増大する政策を主張したのと同次元と理解できる。これこそがケインズ経済学の真髄なので、トランプの経済政策もケインズの流れにあると理解してよく、冒頭のケインズ・新古典派のハイブリッドという見出しの意味がここにある。

では新古典派の色合いはどこで確認できるのであろうか。それは大胆な減税政策と福祉の削減策である。前者に関しては、企業の投資意欲を強くするために、法人税率を三五％からなんと一〇％前後にまで下げて、企業の活性化を図ろうとした。他にも減税政策としては、所得税の減税を行って一般庶民の負担を減らそうとしたし、お金持ちへの最高税率も四〇％前後から二五％前後に下げるとして、全国民から喜ばれる減税政策を打ち出したのである。これは全国民に顔を向けた人気作戦（すなわちポピュリズム）とみなしてよいが、減税政策は共和党が好んだサプライサイド経済（供給側に配慮した経済）の政策に相通じるところがある。

公共投資を増大し、同時に減税政策をやれば、財政赤字の増大は不可避である。短期的には公共投資と減税の併用は経済の活性化に寄与するのでアメリカ国民もトランプ経済政策を見離さないだろうが、中・長期的には財政赤字の拡大によっていろいろなネガティヴな効果が出現する。例えば長期金利の上昇を招いて、企業投資にマイナス効果をもたらす。さらに長期金利の上昇はドル高を招くので、アメリカの輸出にとってマイナス効果がある。これらの二つの効果は、中・長期的にアメリカ経済を弱くしかねないのであり、トランプがこの点をどう理解して政策の修正を図るのか、それとも短期的なメリットだけに頼って、中・長期的なことを無視するのか、今後の行方を見守る必要がある。

❖オバマケアの廃止

ケインズ型・新古典派型のハイブリッド型とみなしたトランプ大統領の経済政策のうち、新古典派の伝統に沿った第二の政策として、オバマケアの廃止がある。これは福祉削減という新古典派の主張から出たものである。サッチャー首相やレーガン大統領と同様の、福祉が充実すると人々は怠惰になるし、家計と企業が社会保険料と税の負担に耐えかねて、経済活性化にマイナスになる、という経済思想に立脚したものである。

アメリカには一部の高齢者と貧困者を除いて、普通の人々が加入する公的医療保険制度はない。同様に介護保険制度もない。日本やヨーロッパ諸国のように社会保険制度を国が運営する伝統はなく、存在するのは民間保険会社の提供する私的医療保険だけであった。私的保険の保険料は高いので、低所得者は加入できないし、民間会社なので経営上の見地から資格審査が厳しく、多くの人々は加入できないでいた。こういう無保険者がアメリカには一五％程度存在するとされ、医療の治療を受けられない人がいるのは大きな社会問題であった。

これを憂いた民主党の前大統領だったオバマは、公的医療保険制度の創設までは目指さないけれど、すべてのアメリカ国民が加入する私的医療保険制度に改革して、皆保険制度の確立を期したのである。国会で法律も通り、アメリカは皆保険の国になる道を歩んだのであり、それが「オバマケア」と呼ばれる政策であった。

意外なことにアメリカ国民の中には保険制度は必要ないとする人も存在していて、政府が音頭をとって国民全員を皆保険の下にするという私的医療保険制度の充実に反対するのである。国民全員が医療保険に加入するといった皆保険制度は、人々の自由を阻害するとしての反対の声すらある。「オバマケア」は自由の尊重を主張する憲法に違反するとの声があったほどで、最高裁判所においてそれは憲法違反ではないという判決が、わずか一票差で決着したほどの国がアメリカである。

トランプ大統領は就任後数か月して、この「オバマケア」を廃止した。そして新しいタイプの制度にすることを語っているが、まだ具体化していない。なぜ廃止したのか、最大の理由はオバマケアが政府の支出する額を増大させるのが避けられず、結局は国民に税金を課すことにつながるとしたのが反対の根拠であった。高い保険料を払えない貧困者・低所得者の全員が保険に加入するには、保険会社の要求する保険料とそれらの人々の払える額の差額を政府が負担せざるをえず、これは結局高い税金を払う中・高所得階級にとって負担増になるので、トランプ大統領は中・高所得者に配慮して、オバマケアそのものを廃止したのである。

コスト高になりかねないオバマケアの運営のためには、政府が大きくならざるをえず、小さな政府を好む共和党支持の人々の反対に、トランプは応じたとの解釈が可能である。さらに、最高裁判決の微妙な賛否の差に象徴されるように、国民全員が医療保険に加入というのは、入りたくない人の自由を阻害することにつながるので、憲法上からも好ましくないと考える人が、アメリカにはいることも忘れてはならない。

アメリカでは、公的医療保険によって国民の全員が加入する日本やヨーロッパ諸国と異なり、民間医療保険にすら全員が加入する必要はない、と判断する人の存在を無視できないのである。自由の尊重が極限に達すると、アメリカのように無保険者が出現するのである。

第5章　グローバル化による格差拡大とポピュリズム

1　グローバル化と格差分析

❖格差とポピュリズム

当時の自民党・安倍内閣の外務大臣で、しかも自民党の中ではリベラル思想の伝統がある宏池会（派閥）の会長である岸田文雄は、インタビューに答えて次のように発言している。

今、世界では行きすぎた格差がポピュリズムにつながり、民主主義の持続可能性が問われている。日本国内においても経済、財政、さらには教育の持続可能性ということは、考えなければならない大変重要なテーマだろう。（『朝日新聞』二〇一七年七月一七日（月）朝刊）

これまでの章において、左翼と右翼のポピュリズム、日本のポピュリズム、経済との関係におけるポピュリズムを考えてきたが、そこでは格差がかなりのウエイトを占めていた。左翼ポピュリズムの起源と歴史は、人々の間に存在する所得・資産格差、あるいは教育、職業などの機会平等をめぐることで語られた。右翼ポピュリズムにおいては格差が中心話題ではなかったが、移民・難民のこと、失業率の高いこと、過大になりすぎた政府規模など、間接的には格差と関係することである。この章では格差の問題に注目して、ポピュリズムとの関係、あるいは民主主義の中で格差の問題が解決できるか、といったことを議論してみたい。

もう少し具体的に述べると、ラテンアメリカ諸国における左翼ポピュリズムは、大土地所有者や鉱山・工業経営者などのエリートが権限を持っていて社会での支配者として君臨していた。庶民階級との格差がとても大きかったところに、時には軍事力に頼って政府を握った左翼勢力が、産業の国有化、労働者保護などの政策を行って、格差是正策を実行した。そこでは政府の役割が重視された。

一方のヨーロッパを中心にした右翼ポピュリズムは、政府の規模はすでに大きくて福祉制度が充実しており、国内における格差は極端に大きくなかったところで、むしろ大きな政府に対して反旗を翻したり、自国民ではない移民・難民にまで福祉サービスを提供することに反対した。あるいはＥＵに代表されるグローバル化に対して、加盟国間で生じた格差、例えば豊かなドイツなどの北・中欧諸国とそうでない他の南欧や東欧諸国との間の格差をどうするかが、問題となったといってよい。

日本のポピュリズムに関しては、小泉純一郎元首相による「格差社会のどこが悪い。有能で頑張る人が高い所得を稼ぎ、能力のない怠ける人が低い所得に甘んじるのは、経済原則に合致しているのでむしろ公平である」との発言が象徴するように、格差是正の声はポピュリズムの中でさほど発言されていない。日本のポピュリズムは、一昔前は必ずしもそうでなかったが、現代ではむしろ格差容認の声を発している、といってよい。とはいえ現代に至っては日本のポピュリズムは、政治見識や思想が明確ではなく、むしろテレビなどのメディアで頻繁に現れて耳当たりの良いことだけを発言する人が中心となっている。

❖格差社会に入った現実

日本のみならず世界の各国において、国民の間で貧富の格差が拡大しているとの報告があちこちで見られ、世界は格差拡大に向かっていると、学術書やメディアで論じられるようになった。ここではそれらの研究や報告をごく簡単にまとめて、現実認識度を高めておきたい。

まず日本においては、一九九〇年あたりから所得分配の不平等が見られるようになったとの報告が出始めた。日本は戦後から三〇年間ほどは「一億総中流社会」と信じられてきて、お金持ちや貧困者の少ない社会であり、国民の九〇%前後が自分は中流階級にいるとみなしていた傾向があった。すなわち貧富の格差が小さくて、大多数の人が自分は国民の平均所得あたりの所得を稼いでいたと思っていた。

この思い込みは捨て去らねばならないと主張したのが筆者である。橘木（一九九八、二〇〇六）では日本の所得格差は拡大の傾向にあり、アメリカほどの格差社会ではないが、ヨーロッパの大国（例えば英仏独）並の格差社会になっていると指摘した。一九六〇～七〇年代では日本は北欧並の所得格差のない平等社会であったことは事実であるが、一九八〇～九〇年代あたりからそうでなくなった、との指摘であった。小泉純一郎元首相の「格差社会、何が悪い」の指摘はすでに紹介した。筆者の提起に対して賛否両論があったが、国民の中では、なんとなく日本はもう平等社会ではない、と思う人の数が増加したことは確実であった。

❖ピケティによる格差論

日本が格差社会に入ったかどうか、まだ国民全員の合意がないところに、トマ・ピケティによる『21世紀の資本』が二〇一四（平成二六）年に出版され、格差の問題が全世界的な注目を浴びた。ピケティは日本を含めた資本主義国のおよそ二〇か国を対象に、一〇〇年以上のデータを用いて、所得と資本の格差を分析した結果、ほとんどの国で格差が拡大中であることを実証したのである。特に高所得・高資産保有者の数が増加したし、こういう人々の所得額と資産額が非常に高くなったことを示した。これは資本主義国という経済体制が内在的に保持する性質であり、あるいは宿命であるとも主張したのである。

ピケティの主張をもっとも端的に理解できる図によってここで述べたことを確認しておこう。それ

図５－１　上位のトップ10％所得者の総所得に占める比率
ヨーロッパ，アメリカ，日本，1900 － 2010

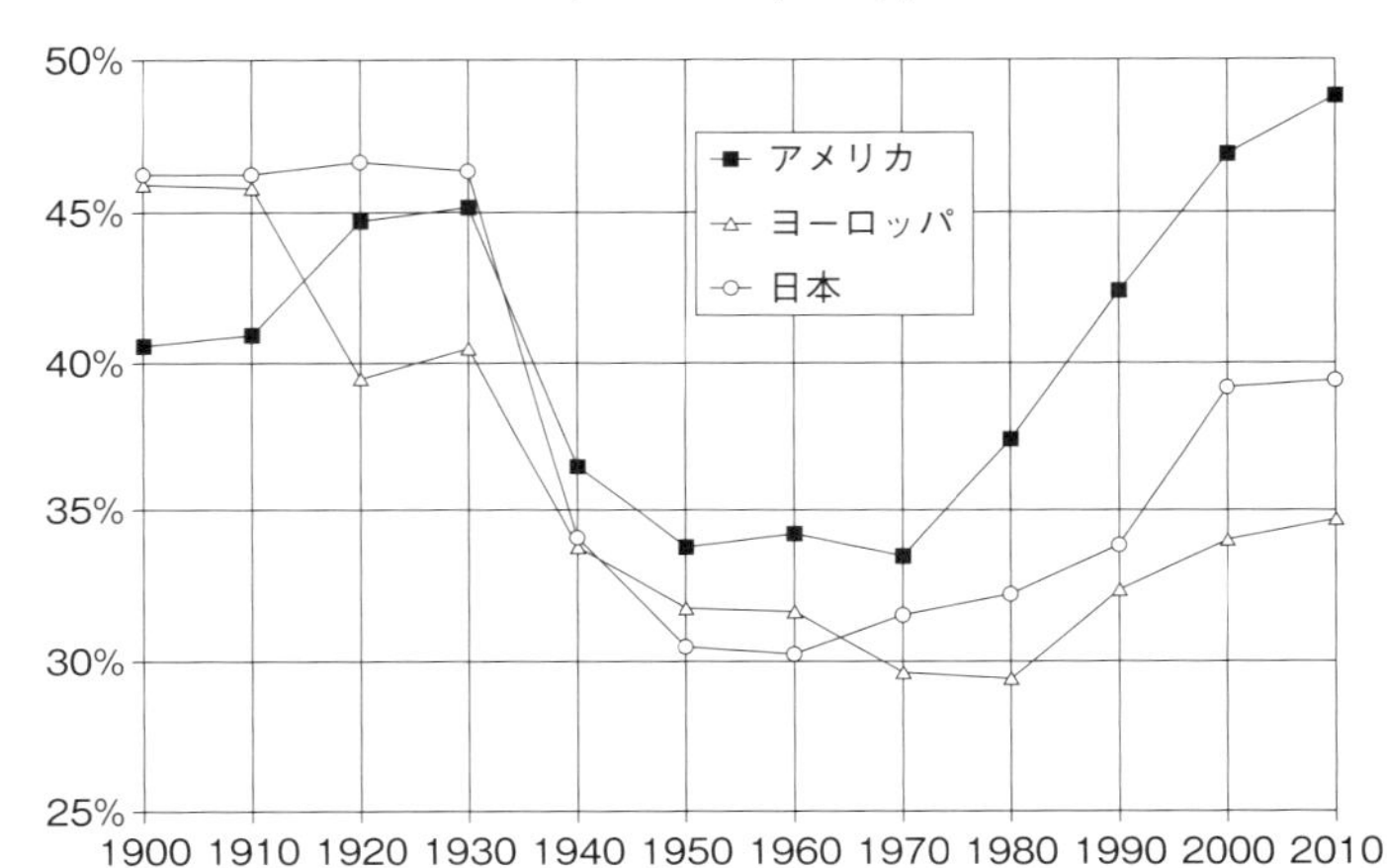

（出所）Thomas Piketty のHPより

が図５－１である。所得分布のトップ一〇％の地位にいる高所得者の総所得が、その国全員による総所得額の何パーセントを占めていたかを示すのがこの図である。比率が高いほど、高所得者の稼得する所得額が高くなっていることを示し、ますます高所得者の所得が高まる格差社会を意味するのである。この図によると、第一に、戦前はどの国（アメリカ、日本、ヨーロッパ）においても高所得者は戦後三〇年ほどの時期に比べて比率の上で高い所得を得ていたことがわかる。戦後になってその比率が急激に下がり、高所得者のウエイトはかなり低下して、平等社会に向かった。

第二に、しかし、一九七〇年あたりを機にその比率が反転して急上昇するようになり、再び高所得者の稼ぎの割合が伸びたのである。これがピケティのもっとも主張したいことで、資本主義国では高所得・高資産保有者はますます富裕化する性質を持っているのである。アメリカ、日本、ヨーロッパの三地域を比較すると、アメリカでもっとも強くその傾向が出現し、次いで日本であり、もっともそれが弱いのがヨーロッパということになる。やや誇張すれば、日米が資本主義国の典型国ということになる。

ピケティの研究は日本をも含めたデータでの実証であるし、世界的な規模で学界、メディア、経済界で論争を呼んだ研究成果だっただけに、資本主義国のすべてが格差社会にいることを説得したのであり、大きな影響力があった。ピケティ説に多少の批判はあったが、彼の結論を否定するまでには至らず、資本主義国はすべての国で格差社会に向かうという説は定着したのである。

❖アトキンソンの不平等理論

次に、ピケティとは異なる手法で先進国、特にイギリスを中心に分析し、不平等を多角的に解明したアンソニー・アトキンソン（二〇一五）にも言及したい。ピケティのように二〇か国を分析したのではなく、一国（特にイギリス）内の格差を焦点に合わせたので、教育、社会保障、労使関係などとの関係が綿密に考察されており、諸制度と格差の関係を知る上で貴重である。

アトキンソンは経済学の基本理論を解説しながら、なぜ労働者の間で賃金格差が発生するのかをわかりやすく説明する。具体的には技術進歩、賃金決定の方式、企業の経営方針、労働組合の役割などが議論され、望ましい労使関係の姿が解明・主張される。労働の分野だけに限定せずに、経済学者らしく資本や資産の役割についても同等の関心を払う。資本が適切に機能してはじめて生産活動がスムーズに進行することを示して、バランスのとれた分析となっている。また一部の高資本・高資産所有者に資産額が集中するようなことは避けるべきだと主張している点はアトキンソンの真骨頂でもあり、すでに述べた弟子筋のピケティもその影響を受けていることは確実である。

次に大きな紙幅を割くのは、社会保障制度の充実策である。特に彼が強調するのは伝統的な年金、医療、介護、失業といった保険制度のみならず、子ども手当（児童手当）の充実である。わが国においても子どもの貧困は深刻になっているが、イギリスでも若い夫婦や母子家庭における低所得の問題は深刻で、子育て世代への経済支援策が特に重要であると主張している。

このように福祉支出額を増加させる案に対しては、アメリカやイギリスといったアングロサクソン諸国では、それが経済効率や経済成長に対して負の効果を与えるとして反対論が根強い。わが国の政治家、経済学者にもその反対論に賛同する者が多い。福祉の充実は人びとを怠惰にし、税や社会保険料を福祉の財源にすると国民の労働意欲、そして企業の投資意欲を阻害する、というのがその根拠である。イギリスのサッチャー首相、アメリカのレーガン大統領以来の主張である。

アトキンソンはこの論理に対して、理論的、かつ実証的に反論を提出しており、福祉の存在が経済効率にとって決してマイナスにならないことを見事に明らかにしている。福祉がスケープゴート（生け贄）にされていることを嘆いているのである。経済効率性と公平性（平等性）は一般にトレードオフ関係にあるとされるが、政策をうまく行えば、トレードオフを排除して、それらを同時に達成することは可能であるというのがアトキンソンの主張であり、筆者も同意見である（詳しくは橘木（二〇一六b）に述べた）。大きな政府の福祉国家であるスウェーデンやデンマークでは、国民の間の経済格差が小さいと同時に経済は強く、効率性と公平性を同時に達成している。イギリス国民を主たる読者と想定している『21世紀の不平等』でアトキンソンが福祉国家を強固に展開するもう一つの理由として、北欧諸国はもとより、近隣のドイツ、フランス、オランダなどの大陸ヨーロッパ諸国と較べても、イギリスは福祉国家の程度が弱い、すなわち福祉がそれほど提供されていない、というもどかしさを嘆いている感がある。

❖グローバル化と世界全体での格差

世界がグローバル化したといわれる現代は、モノ、カネ、ヒトが自由に国境を越えて移動し、EUに代表されるような経済統合の時代でもある。これまでの所得格差の研究はほぼ一国内に限った格差研究であったが、グローバル化は世界規模で格差を分析する必要性を示唆している。一国内に住む人だけでなく、何十か国、あるいは百か国以上の人々のデータを解析して、世界に住む人々全体の間での格差に注目せねばならないということになる。

世界規模での格差の分析が容易ではないことは簡単に理解できる。世界規模といっても基本になるデータは国ごとに収集されたもの（例えば家計調査や所得調査）である。国によって計測方法や標本あるいは信頼性が異なるので、そのまま利用するとリスクがある。国による人口数の影響も無視できない。しかも世界規模で格差を分析する意義がそれほどなかったので、一国内での分析が圧倒的に多く、他には日本、インド、アメリカ、アルゼンチンなどと一国内での不平等度を各国別に比較する分析がせいぜいであった。例えば、アメリカの所得分配不平等度は日本やインドよりも高いといったことしか主張できなかったのであるが、それを知るだけで十分な世界であった。

ところが再述するがグローバル化の進展は世界規模での分析を促すし、研究者の努力もあって、いくつかの試みが出てくるようになった。その代表例はミラノヴィッチ（二〇一七）である。以下ではこの書物を参照しながら、グローバル化、ポピュリズムと格差の関係を様々な角度から議論してみたい。

世界的規模（これからは「グローバルな」という言葉を用いる）での不平等、格差を理解し、かつ計測するには次の式が有用である。

グローバルな不平等＝各国間の不平等＋各国内の不平等
＝各国間の平均所得の差（の総和）＋各国内の個人所得の不平等（の総和）
＝「場所」の要素＋「階級」の要素

この式はミラノヴィッチによるものであるが、意味するところは次のようになる。世界全体の人々の不平等は、その人々が住む国の間における不平等と、その人々が住む国内における不平等の合計で

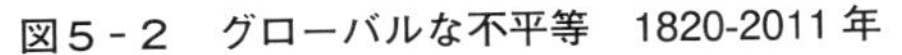

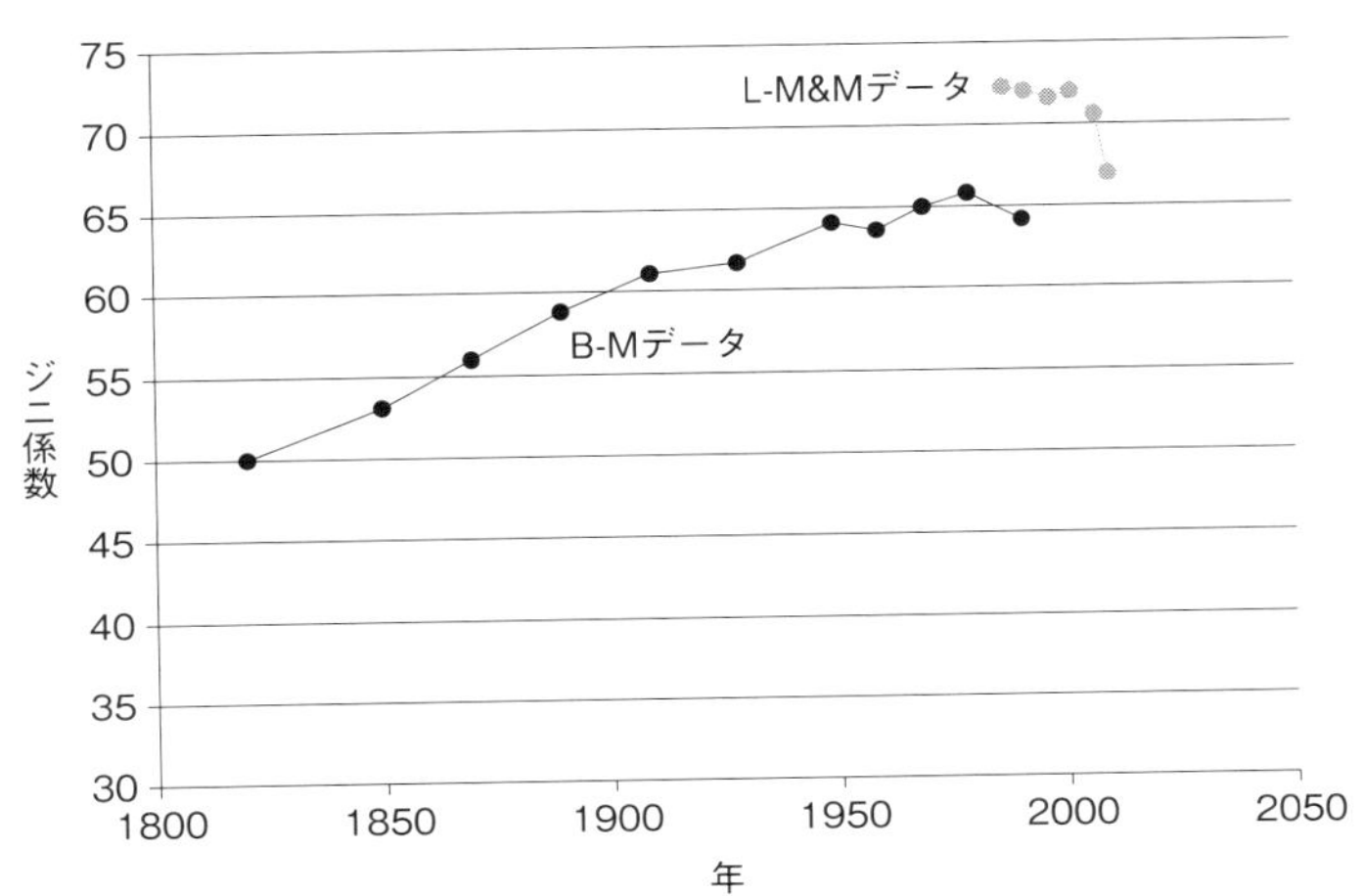

このグラフは，過去2世紀にわたる世界の全市民間の所得不平等を三つの異なる，しかし関連したソースに基づいて推定し，それをジニ係数で示したものだ。不平等が20世紀の終わりまで拡大を続けたこと，それ以後は縮小していることがわかる。グラフがつながっていないのは，B-Mデータでは1990年国際ドルを，L-M&Mデータでは2005年国際ドルを用いているためである
出典：B-MデータはBourguignon and Morrison（2002）より，L-M&MデータはLakner and Milanovic（2013）より，Mデータは著者〔ミラノヴィッチ〕が2011年について計算した結果（未発表）を表している
（出所）ミラノヴィッチ（二〇一七）121頁。

あり、具体的には第二式によって計測される。ここで大切なことは、第二式の第一項で示されるように、それぞれの国の平均所得の大きさが重要なのである。直感的には、豊かな国の平均所得と貧しい国の平均所得の差が大きいほど、グローバルな不平等は大きくなることを意味している。第三の式の意味していることは、どこの国に住んでいるかが「場所」であり、その国内における不平等度を「階級」と称しているのである。

ミラノヴィッチは二つの

図5－3　グローバルな不平等に占める各国間成分の割合 1820-2011 年

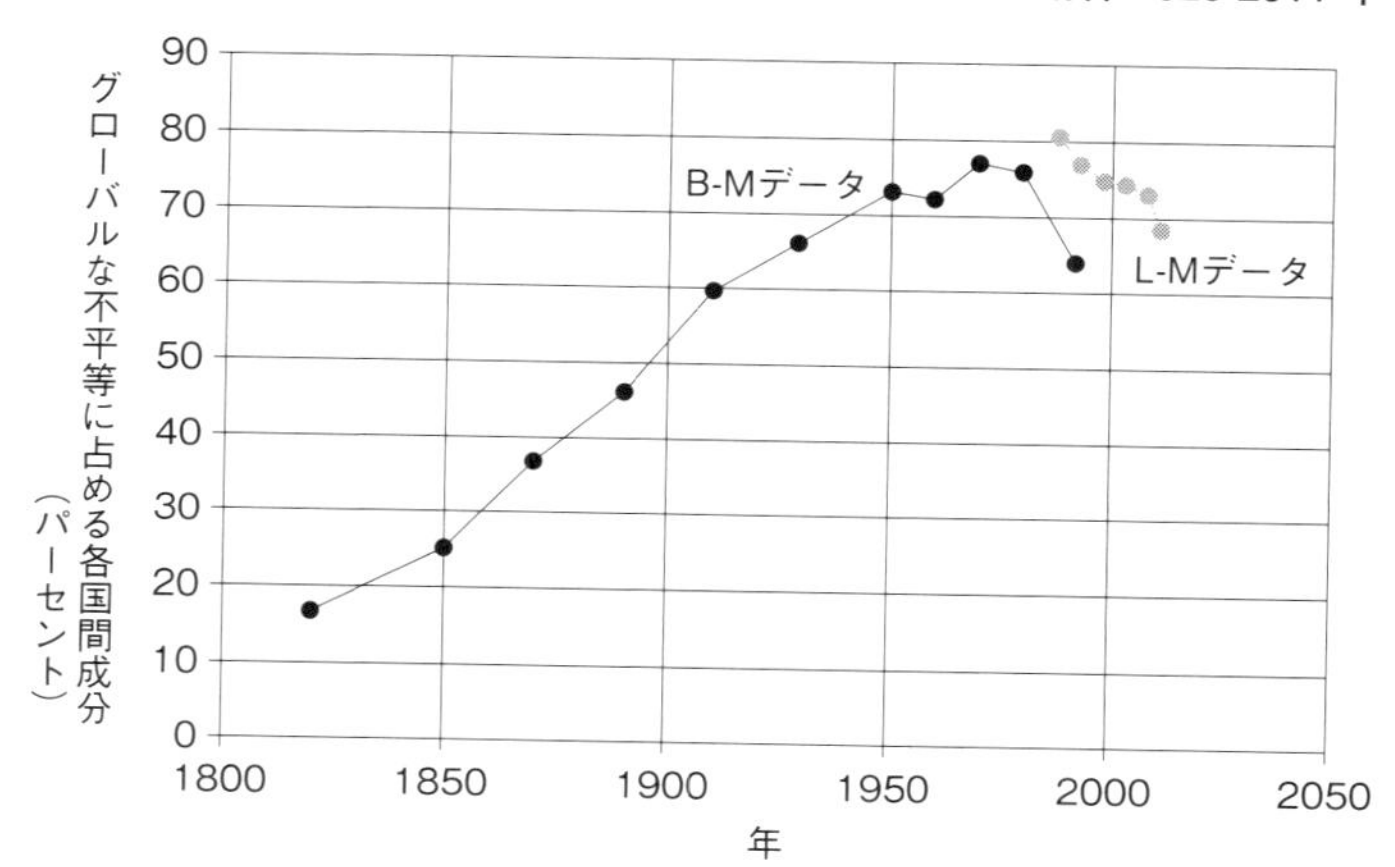

このグラフは，各国間の不平等（国ごとの１人当たり所得のギャップ）がグローバルな不平等に占める割合をパーセントで示している（測度はタイル・エントロピー指数）。この割合が増加することは，各人の個別の環境よりも，国としての平均所得の格差が重要度を増していることを意味している。
出典：図 5-2 に挙げた出典を参照。

（出所）ミラノヴィッチ（二〇一七）128 頁。

重要な図表を提供した。図５－２と図５－３である。図５－２は、一八二〇年から現代の二〇一一年までのほぼ二〇〇年間にわたって、グローバルな不平等はどう進展したのかの図である。

これはジニ係数で示されている。ジニ係数とは、イタリアのジニという統計学者が開発した指標で、完全平等（すべての人が同じ所得）のときに０、完全不平等時に１の数字を取り、値の大きいほど不平等、ないし格差の大きいことを示す。

一九九〇年から二〇〇〇年あたりまでグローバルな不平等は一貫して上昇した。すなわち世界の人々の間の所得格差は拡大傾向を続けたし、二〇世紀末にはジニ係数がブルギニョンとモリソン（Bourguignon and Morrison 2002）によると〇・六五あたり、レイクナーとミラノヴィッチ（二〇一三）によるとそれが〇・七二から〇・七三という値なので、世界の人々の間の所得格差は非常に大きかったことを示している。

図5-3はグローバルな不平等のうち、各国間の平均所得の差が貢献する比率（％）を示したものである。これはタイル尺度と呼ばれる方法で計測された不平等度の計算結果である。これによると、**図5-2**で示された一九九〇年から二〇〇〇年あたりまでのグローバルな不平等の拡大は、各国間の平均所得の格差拡大の貢献度が増加したことを意味している。すなわち世界の人々の間で所得格差の拡大した説明要因として、各国間で平均所得の格差の拡大がますます重要になったということがいえる。換言すれば、この期間において豊かな国は高成長を遂げてますます豊かになる一方で、貧乏な国は低成長率にとどまって豊かにならず、両者の間で所得格差がますます拡大したことの影響が増したからである。

このことをもう少し具体的にいうと、西ヨーロッパ、北アメリカ、オーストラリア、そして後半期においては日本の高成長率が原因である一方で、それ以外の国では低成長経済だったので、両地域の間で平均所得の格差がますます拡大したことが響いたのである。この各国間の平均所得の格差拡大がグローバルな不平等の増加を説明する主要因である。すなわち第二式の第一項目の影響力がますます強くなったのである。

これに加えて各国内においても不平等が増大したことも要因として加えられる。すなわち、アメリカ、日本、イギリスなどの国内においても、人々の間で格差が拡大したのである。これは第二式の第二項目の要因も作用していることを忘れてはならない。ピケティ（二〇一四）、アトキンソン（二〇一五）、橘木（一九九八、二〇〇六、二〇一六b）などが示したように、それぞれの資本主義国内においても高所得者と低所得者の間で所得格差が拡大したと主張されたことの反映と理解してよい。

図5－2によると、グローバルな不平等度は一九九〇年から二〇〇〇年にかけてもっとも高い数値、すなわちジニ係数で〇・六五あたりと〇・七二～〇・七三あたりである。ブルギニョンとモリソンの推計とレイクナーとミラノヴィッチの推計によってジニ係数の推計値に違いがあるが、その理由に関しては言及しない。採用したデータの違いが影響していると想像できる。むしろ両者ともジニ係数としては非常に高い数値になっていることの意味が大きい。すなわち世界全体で見渡すと、貧しい人と豊かな人の所得格差はとてつもなく大きい、ということを示唆しており、深刻な問題であることを物語っている。

ところが一九九〇年あるいは二〇〇〇年を過ぎると、グローバルな不平等は両推計ともに少しではあるが低下傾向を示している。これをどう解釈するのか、後に詳しく検討することであるが、現時点ではグローバル化が進みすぎたことに対する抵抗として、反グローバリズム、ナショナリズムやポピュリズムがこの時期に台頭したことにより、世界の人々の所得格差の拡大に歯止めがかかってやや減少に転じたのである。もとよりその要因をナショナリズムやポピュリズムのみに帰するのは不可能であるが、要因の一つとして理解できるかもしれない。いずれにせよ後に詳述する。

❖グローバル化が世界的不平等を生んだ理由

では話題を戻して、一九九〇年あるいは二〇〇〇年あたりまで、なぜグローバリズムの進展がグローバルな不平等（すなわち世界的な格差の拡大）に貢献したのかを考えてみよう。

第一に、これはグローバル化と直接関係ないが、西ヨーロッパ、北アメリカ、オーストラリア、そして後半期の日本などの諸国の経済成長率が高く、それらの国々の人々の所得が高くなったことが大きい。これはすでに述べたことなので詳しくは述べないが、それぞれの国が経済効率化の達成を成功させて、国の経済成長率を高めてますます強くなったのである。

ここからはグローバル化現象による効果の説明であるが、第二に、グローバル化はモノ、カネ、ヒトの国際間移動が激しくなることを意味するが、まずはモノの移動を考えてみよう。各国の間で貿易量、すなわち輸出入の量あるいは額の増加を意味するので、比較優位の高い国は輸出を増加させることができるのであり、自国での生産量は高くなる。これは自国で働く人の賃金・所得を高くするので、その国の平均所得は高くなる。西ヨーロッパ諸国（特にドイツなどの国）、アメリカ、日本などは輸出増を経験したのである。もとより輸入を増加させた国もあるので、これらの国では自国産業の停滞を意味して、自国民の所得を下げる効果もあった。厳密にいえば、先進諸国の多くは輸出が輸入を上まわったので、それらの国の成長率が高くなり、人々の所得も高くなったのである。

第三に、カネの移動はどうであろうか。カネの移動は多国籍企業が海外投資をして外国での生産活動に入ることと、生産とは関係なく金融資金が外国での高い資産収益率を求めて移動する姿の二つを意味する。前者に関しては、外国での安い労働力を求めての現地生産なので労働費用の節約を多国籍企業は享受できるのであり、本国への利潤や余剰資金の流入が多額になることによって、本国の所得が高くなる。

前者に関しての付随効果として、現地の安い労働力の利用によって現地生産による製品価格を低くできるのであり、その生産品を他国に輸出できる量と額の増加がある。これは現地企業の売上高と利潤の増加を生むので、これも本国での所得を上げることに貢献する。

後者に関しては、国際的な資金移動の量の増加を意味するが、金利差、為替レート差、株式や債券の収益率の差を求めた資金移動による利益は増加している。特に最近はインターネットの普及により、瞬時に資金を移動し、瞬時に利益を計上することもできる時代になっている。これらは資金選択をうまくやっている国における所得の増加を意味するが、これらの国は金融知識をフルに生かせるだけの人材を豊富に持っているし、技術水準も高いので、ますます国は豊かになる素地がある。それが西ヨーロッパやアメリカといってよく、これらの国の所得の高くなるのは自然である。

後者のカネに関することの付随効果として重要な事実がある。それは資金の移動を契機にした金融業における規制緩和やコンピューターを駆使した金融技術の発展によって、先進諸国、特にアメリカやイギリスを中心にして、金融業で働く人々の賃金・所得がかなり上昇したことである。これはミラノヴィッチによる定式化の第二式の第二項に該当し、アメリカやイギリスの金融業で働く人の所得が急激に高まったことによる不平等の拡大である。特に金融業の経営者層の所得の上昇はすさまじかった。アメリカにおいて「ウォール街を倒せ」という運動があって、上位一％の高所得者が残り九九％の庶民を搾取しているとの主張がなされた事実と合致している。

金融業が繁栄して金融機関の経営者が法外に高い収入を得るようになると、それが他産業の経営者にも波及して、アメリカやイギリスの企業経営者は非常に高い額の報酬を得るようになっていたのである。ピケティ（二〇一四）は特にアメリカの経営トップの報酬の高さを問題にした。あまりにも高い所得や資産を保有する人には高い所得税や資産税を課すべき、と主張したのもピケティであった。

もっとも、金融の規制緩和が行き過ぎて、リーマン・ショックと呼ばれるように投資銀行の大手リーマン・ブラザーズが倒産する事態を迎え、その後の世界経済が大不況に陥る原因となったことを忘れてはならない。金融業の稼ぎ過ぎが批判の的であったところ、リーマン・ブラザーズの倒産によって金融業の経営者の所得が低くなるかもしれないと予想されたが、それはそれほど進行せず、いまだにアメリカの経営者はすさまじく高い報酬を得ている。確かに経営者の働き・経営に対する報酬は少し減少したが、アメリカ企業に特有の自社株保有制度を生かして、経営者はオプション取引による高い報酬を得るようになっており、そのことがアメリカの経営者が高い所得を稼げる理由の一つになっている。

ここで述べたかったことは、グローバルな不平等の増加は一部の資本主義国（特にアメリカ、そして次いでイギリス）における自国内の不平等の増加がかなり影響している、ということにある。そしてその大半は、企業経営者の非常に高い所得によって説明されるのである。

最後に、ヒトの移動を考えてみよう。ヒトの移動とは、移民と難民を意味するが、難民は政治、外交との関係があるので、ここでは移民ないし一時的な国際間の労働移動を考える。これには二つの種類がある。すなわち技能の高い人が動く場合と、技能の高くない人の移動の二つがある。さらにEUのような経済共同体においては、加盟国内であれば比較的自由に移動できる措置がある。そこでも技能の高い人と低い人との差はかなり重要である。

所得格差のことに注目するなら、技能の低い人の移動の方が効果は大きい。なぜならば低い賃金の職、あるいは自国民の就きたがらない仕事に外国人が就く可能性が高いので、例えば最低賃金よりも低い賃金しかない職に就くこともありえる。そのような低い賃金の職であっても、移出する国における賃金よりも高いので、移民は発生するのである。すなわち高い技能を持たない外国人が賃金の低い仕事に就くのであり、ヒトの移入はその国の賃金・所得格差を拡大する可能性がある。

これらはアメリカやヨーロッパなどのように外国からの移民労働力の多い国や、あるいはEU内で賃金の低い東ヨーロッパ諸国やギリシャ・ポルトガル・スペインなどの国から、ドイツ・イギリス・フランス・北欧諸国のように賃金の高い国への労働移動によって現実に見られる現象である。

❖グローバル化における、すなわち全世界の見地からの格差分析に価値はあるか

これまで論じてきたことは、グローバル化の進展に応じて、全世界規模での所得格差がどう展開してきたかであった。確かに一九九〇年ごろ、あるいは二〇〇〇年ごろまでの長い期間、世界はグロー

バル化を経験してきたのに応じて、世界規模での所得格差はかなり拡大の傾向を示した。規制緩和、競争促進といったことも同時に起こっていたことが、格差拡大を助長した。しかしその後に反グローバリズム、ナショナリズム、ポピュリズムの動きが発生して、格差拡大はほんのわずかながらではあるが、低下の方向に転じた。

ここでグローバルな不平等、あるいは世界規模での格差分析にどれほどの価値があるのか、再検討してみたい。確かに現代の世界は情報が国際間で飛び交っているし、モノ・カネ・ヒトの国際移動はグローバル化と称されるように大きなうねりの中にある。豊かな国に住む人々と貧乏な国に住む人々の間でどれほどの所得格差があるかは、確かに興味深いことだし、全世界の人々の幸福や生活状況が良くなることは重要な政策目標となりうるので、価値のある仕事である。

とはいえ、国が異なっている場合、人々は他国に住む高所得者や低所得者にどれほどの関心があるかと問われれば、正直なところそれほどの高い関心はないのではないだろうか。日本に住むごく普通の人が、アフリカや南米に住む人々の高所得者や低所得者にどれほどの関心があるかと言えば、疑わしい。ごく普通の日本人にとっては、まわりにいる日本人、あるいは隣人・知人・友人の所得には関心があって、高所得者をうらやましく思ったり、低所得者を気の毒に思ったりするのであって、遠くの外国に住む人にそういう思いはさほど向けられないとみなすのが自然ではないだろうか。

もっともこのようなことを述べると、世の中では人類愛に満ちた人がいて、アフリカで毎日の食事や水にありつけない人や病気の治療がなされずに死亡していく人を哀れに思い、世界はそういう人を助ける努力をすべきと信じている人がいる、と指摘されるかもしれない。あるいはアメリカの経営者のように非常に高い所得を得ている人に対して、アメリカ人以外の人であってもそれに批判的で、高すぎる所得をもっと貧困者にまわすべきだと信じる人もいる。そういう人にとっては世界的規模での格差の問題は大きな関心事であろうが、ここで述べたのはごく普通の人々にとっての関心事に関することであった。

換言すれば、日本人がもっとも関心を寄せるのは、日本人の間の格差のことであって、外国人との比較には多少の関心はあるだろうが、大きな関心ではない。このことはアメリカ人、インド人など他の国民にとっても大なり小なり妥当する見方と考えられる。そう理解すると、人々にとってもっとも関心の高い格差は、自国民の間での格差ではないだろうか。そしてもしあるとすれば、日本国内とアメリカ国内、あるいは中国国内における格差の程度の比較にすぎないのではないか。すなわち、日本、アメリカ、中国といった国々の中で、どの国の平等度（あるいは不平等度）が高いか、低いか、といった程度のことと思われる。

以上をまとめると、グローバル時代に入ったとはいえ、人々の格差への関心はまだ自国内での格差が中心であり、他国への関心はまだそう高くない。グローバル化の下では一部の経済学者が行うように、世界規模での格差の実態を探究する姿勢は正しいし価値はあるとみなせるが、それは一部の人にとってのみ有用と判断される。繰り返すが人々の主たる関心は自分のまわりに住み、境遇の似た人々の間という自国民の格差なので、これまでどおり一国内の格差の実態を調査・研究する価値は高い。

もちろん、全世界規模ではなくとも、ＥＵで代表されるように経済統合の動きはグローバル化で進行しているので、例えばＥＵ全域をカヴァーした格差の分析などの必要度は高まっている。なぜなら加盟国は主として先進国、少しの中進国から成るので、同質性が発展途上国と比較すると高いからである。

国の境界が外されて世界連邦といったすべての人々が一つの国家、あるいは連邦が形成されない限り、世界規模による格差分析の価値はまだそれほど高くない。しかし学問的には興味深くしかも有意義なことなので、これら世界規模や経済統合した地域における格差の分析は進められてよい。そのことが一国内における格差への関心を高めるし、データの正確性や分析精度を高めるのに寄与するメリットもある。

2　ポピュリズムは格差にどう向き合うか

❖人々は格差をどう見ているか

どの国においても富裕者と貧困者は存在するので、所得格差はどの国においても見られる。その格差の発生原因は様々であるし、国によってもかなり異なる。格差が大きすぎると好ましくないと判断して、いろいろな格差是正策を政府が採用する国がある一方で、格差の存在を必ずしも悪いとは判断せず、政府がほとんど何もしない国もある。政府がどのような態度や政策を取るのかにも、いろいろな背景がある。格差是正策をとればいろいろな副次効果が出現するのでそれを避けたいという動機がある。しかし政府は国民が格差をどう見ているかに注目して、格差の存在が悪であると判断している国民が多くいると知れば、国民に迎合する（これはポピュリストの考え方に通じるところがある）とまではいわないが、何らかの格差是正策を採用するであろう。そうであるなら、国民あるいは人々が格差をどう見ているか、というのは重要な課題となる。

まずは研究の進んでいる欧米諸国を見てみよう。これに関しては、アルベルト・アレシナら（Alesina, Glaeser, and Sacerdote 2001）による有名な研究があるので、その要点を述べておこう。この研究の最終目標はアメリカ人とヨーロッパ人の間で幸福度がどのように異なるのかを知ることにあるが、それを決める重要な要因として格差を考慮した点に特色がある。すなわち、格差の大きいのと小さいのとで、人々が幸福を感じる程度がどれほど異なるかを調査したのであり、いってみれば人々が格差をどう判断しているかが焦点なのである。

この研究を大まかにまとめると次のようになる。第一に、アメリカ人もヨーロッパ人も双方ともに、所得格差が大きいという事実があれば幸福の程度は低くなる、ということを認めている。すなわち、なるべくなら所得格差の小さい方が人々の幸福度は高まると判断している。とはいえ、微妙な差はある。つまり、ヨーロッパ人の方がアメリカ人よりもこの不幸の程度はやや高いので、アメリカ人はたとえ国民の間で所得格差が大きくとも、ヨーロッパ人よりもそれを合理的と容認する気持ちがあるということになる。逆にヨーロッパ人は大きな所得格差を容認せず、何らかの政策の実行を求める気持ちが強い。

第二に、ここで述べたアメリカとヨーロッパの差は、それぞれの地域に住む人々の所得の差、すなわちアンケートに回答する人が高所得者か低所得者かということと、それぞれの人々の思想なり主義の違いによって現れている。具体的には、アメリカでの高所得者は所得格差の大きいことを少しだけ気にする（すなわち問題視する）ものの、低所得者はそれをさほど気にしない（すなわち問題視しない）、という特色がある。一方で、ヨーロッパでの高所得者はアメリカとは逆で所得格差の大きいことを気にしない（すなわち問題視しない）が、低所得者はそれを気にする（すなわち問題視する）という異なる見方を指摘している。

なぜアメリカとヨーロッパの高所得者と低所得者の間でこうも態度が異なるかといえば、著者たちは、アメリカでは開放社会であることから所得階層の移動があるので、低所得者も頑張ればいつかは高所得者になれると信じているのに対して、ヨーロッパでは階層が固定されていて移動がないため、いつまでたっても低所得者であり続けなければならないと思うので、不満の程度が高いと説明している。この説明はおそらく正しいと思われる。もう一つの理由として、筆者はアメリカ人の気質として、努力して成功した人を賞賛する雰囲気が強いので、成功した人をあえて目の敵にしないのだ、と判断している。

不可解なのはアメリカ人の高所得者の意向である。基本的にはヨーロッパの高所得者と同様に高所得に満足しているものの、その程度がヨーロッパの高所得者より幾分低いことがやや不思議である。

アメリカでは自由競争主義が行き渡っているので、経済的な成功者は自分の努力の賜物として得られた高所得を進んで容認するものと予想されて、それが確認されてはいる。とはいえ少しだけの留保があってむしろ、少し気にする（すなわち問題視する）のはなぜなのか。アメリカ人の高所得者は彼らへの高所得税率に抵抗する程度が強く、明らかに自分たちの権益を守ろうとしていることから、なおさら不可解な意思表明と感じられる。ここで推察するに、ピューリタン精神の流れを受け継ぐアメリカ人（高所得者も含めて）は、高い不平等は人間社会にとって好ましくないと思っていて、アンケート調査には少なくとも表面上だけは自分たちの高所得を卑下していると解釈できるのかもしれない。しかし現実の世界では高い所得による裕福な経済生活に満足しているし、高い所得税率が課せられようとすれば反対行動に出るのがアメリカの高所得者である。このアメリカ人の嫌税感は庶民にまで浸透している。例えば共和党支持の保守派にティーパーティの一派があるが、この人々はとにかく税率を下げてアメリカ政府の関与する規模を小さくする運動を行っている。

ヨーロッパの高所得者に関しては、階級社会が色濃く残っている社会らしく、階級の上部にいる資本家や特権階級は、自分たちが享受する高資産・高所得は親や祖先という前の世代から引き継ぐことのできた、いわば当然の権利であると理解している。自分たちが恵まれた階級にいることに対して嫌悪感はほとんどないといってよい。

一方でヨーロッパの低所得者は、この階級社会を好ましく思ってないし、左翼思想を抱く人が多くなって、所得格差の是正を求めることとなる。ヨーロッパでは右翼（正確には保守主義）と左翼（正確には社会民主主義）の政治対立はよく見られることであり、左翼が政権をとると税や社会保障によって福祉国家の色彩を強めて、低所得階級に有利な政策が導入されてきたことが歴史的な事実として認識できる。一方でこれが行き過ぎたと判断されると、経済活性化を旗印にして右翼が政権をとり、福祉が後退するのが通常である。

イギリスの戦後の歴史は、保守党と労働党の政権交代が何度もあったので、ここで述べたことの証拠となるし、大国ドイツとフランスも似たような歴史を有している。

❖再分配政策の意味

世の中には高所得者と低所得・貧困者が存在しているのは事実であり、高所得者から低所得・貧困者に所得を移転する政策を再分配政策と呼んでいる。どの国においても前者への高い税率と、後者への低いかゼロ税率によって、所得格差を是正したり、社会保障制度における保険料と給付額に差をつけることによっても再分配効果の働くことがわかっている。税や社会保障以外にも、例えば教育の分野でも再分配効果が作用する。

もとよりどの程度の再分配政策を実施するかは国によって大きく異なる。国民がそれをどの程度望むのか、その望みに応じた政府の政策次第で、再分配効果の強弱が決定する。先進国に限定すると、日本とアメリカがその程度が弱く、ヨーロッパ諸国はその程度が強い。さらにヨーロッパの中でも、再分配効果のもっとも強いのは福祉国家であるデンマーク・スウェーデンといった北欧であり、次いでドイツ・フランスといった中欧で、イタリア・スペインといった南欧ではその効果は弱くなる。再分配効果の強い国ほど所得分配の平等性が高く、逆にそれの弱い国ほど所得分配の不平等性が高くかつ貧困者の数が多くなるのは当然の帰結となる。

このように記述してくると、ヨーロッパでは所得分配は平等性の高いことが望ましいと考える人が多く、日本やアメリカでは、所得格差は大きくてかまわないと判断する人が多いと解釈できるかもしれない。所得格差が小さいと、高所得を稼ぎそうな有能で頑張る人の労働意欲が阻害されるので経済活性化にマイナス要因になると考え、そういう高所得者は低所得・貧困の多くの人々は本人の怠惰に原因があるとみなすので、手厚い社会保障給付は不必要との声が日米では強く、強い再分配政策を容認しないのだ、と解釈可能である。

❖日本ではどうか

欧米諸国の人々の格差への意識はわかったが、われわれ日本人はどうであろうか。筆者が「日本は格差社会に入った」との主張をした時代、小泉純一郎・元首相による「格差は悪くない」との発言の意義は大きかったし、財界、保守政治家、官僚、高所得者を中心にした指導者層からは、同様の意見が提出された。有能で頑張る人の勤労意欲を高めることが経済の効率運営に寄与するのであるから、そういう人のインセンティヴを高めるためにも高い賃金・所得は容認されるし、一方で有能でなく怠けている人の低い賃金・所得はやむを得ないとの主張である。

この主張を一般の日本人はどう思っているのであろうか。白波瀬（二〇一二）は二〇〇五年に東大社会学教室が行ったアンケート調査「福祉と公平感に関するアンケート調査」を分析した。そこでは「所得や社会的地位の格差がなくなってしまったら、人びとは一生懸命働かなくなる」という意見に対して、賛成の者六五・七％、反対する者二八・六％、わからないとした者五・七％という比率であった。二〇一〇年におけるアンケート調査「社会保障に関する意識調査」においても同様の質問をすると、賛成が六三・七％、反対が三二・三％、わからないが四・一％であったと報告されている。

これらの調査結果を踏まえると、経済を強くするためにはある程度の格差が存在しないと達成が不可能とみなす人が、およそ三分の二を占める多数派であるとわかる。反対意見はおよそ三分の一とみなせる。日本では格差容認論が多数派であり、どちらかといえばアメリカ人の思想に近いと理解できる。

格差の肯定論と否定論の比率がおよそ二対一という結果に驚きはない。日本人の意識としてはこれが妥当な線だろうと思われる。日本人のメンタリティーとして、頑張る人には尊敬の念が強いし、怠けている人への嫌悪感には強いものがある。例えば、生活保護受給者への異常なほどのバッシングは、マスコミや一般人の間で非常に強く、彼らは怠けているから受給者になっているのだ、との判断をする人が多いのである。もう一つの考えとしては、日本の富豪といってもアメリカの富豪と比較すればその高所得・高資産額はまだ足元にも及ばないと日本人は思っているので、高所得者への批判なり嫉妬はそう強くないということもある。もっとも橘木（二〇一六a）では日本のお金持ちも徐々にアメリカに接近している事実を紹介しているので、日本人がまだそれを知らないだけなのかもしれない。

❖さらに三つの格差肯定論

有能で頑張って働く人こそ経済を強くするのに寄与するのであるから、それらの高い成果を挙げた人に高い報酬で報いるというのは経済合理性に合致しているので格差を肯定するとの理由は、経済効率性の配慮であるとみなしてよい。格差肯定論でもっとも有力なのはこの経済合理性ないし効率性への配慮であるが、他にもいくつか有力なもので、筆者が好んでいるのがあるのでそれを三つばかり書いておこう。

第一は、「社会的支配理論」と称されるもので、心理学（例えば池上（二〇一二）参照）からのものである。これは人々の心底からの願いとして、誰か強い人に守られたいという願望があるとされ、そういう強い人は権力を持っているだろうし、それに付随して高い所得・資産を保持しているとみなす。自分は弱い人間なので、そういう人に守られてこそ、安泰な人生を送れると思うのである。一方の強い人も弱い人を守ることが自分の責務と考えるのである。

こうして人間社会には支配・被支配の関係が自然と発生するのであり、支配者は強い権力と高い所得、被支配者は弱くて支配者に服従するし低い所得に甘んじる、という形が自然であると考える。この理論は人間の心理学的な傾向から出現したとみなされているが、実は政治学や経済学からの解釈にも通じる点である。

第一を発展させると、実は支配・被支配の人間関係を否定する思想が出現したことを忘れてはならない。それはカール・マルクスを始祖にするマルクス経済学の思想である。経済の分野では資本家と労働者が存在するが、資本家は豊富な資金力から企業経営を経営者に委託したり自らが経営者になったりすると同時に、労働者を雇用して働いてもらう。そのときは両者に力関係に差があるのは歴然としているので、労働者は資本家・経営者に低賃金や劣悪な労働現場で働かされるという搾取される立場にいる。これを好ましくないと判断したマルクスは、マルクス経済学を打ち立てて、労働者の立場に立った経済学から資本主義を打倒せねばならないと主張した。後になってレーニンが社会主義革命を起こして、現にロシアで成功することになったが、マルクスの経済理論はそのための理論的根拠となった。

「社会的支配理論」との対比で評価すると、マルクスの思想は被支配者の労働者が支配者の資本家を倒すという「社会的支配打倒論」と解釈してもよい。これは格差否定論につながる思想と考えてよく、必ずしも格差肯定論のところで書くことではないかもしれないが、それへのアンチテーゼとして、あまりにも有名な学説なのでここで参考として述べた次第である。

第二は、第一の「社会的支配論」が格差の上にいる人の役割を重視するのに対して、ここで述べる「システム正当化理論」は格差の下にいる人の気持ちを代弁するものと考えてよい。あるいはマルクスのところで述べたような搾取される人が搾取している人を倒すといった革命のような発想をせず、むしろ弱い立場にいる人すら格差を是認することがあるとの主張である。

「システム正当化理論」は、人間の心理として、現状を維持して肯定しようとする動機が存在するということを重視する。そして現行の制度やシステム自体が長い間存在してきたのであれば、そのこと自体が公正で正当なものであるとみなしてもよいのではないか、と考える。人間には現状維持がもっとも好ましいと思わせるような錯覚に陥る習性がある、と解釈できる。

例えば心理学からは、格差あるいは階層の上にいる人にとっては当然のことながら自分の恵まれた位置は自己の利益と一致するので、それを打破しようという気持ちを持たないのが普通であろう。あるとすれば階層の下にいる人びとへの罪悪感であろうが、これも下の人々が例えばマルクス主義のような強いイディオロギーを持って反抗してこない限り、沈黙していた方が自分にとって好都合という心理が働くと予想できる。

興味深いのは、格差あるいは階層の下にいる人の心理である。本来ならばそういう人は格差の存在を容認せず、上の人への嫉妬心はあるだろうし、そのままではいけないと思う人が多数派だろう。しかしながらそこで上位にいる人への嫉妬をむき出しにせずに、「野心」をもってむしろ自分で上位に這い上がろうとする心理を持つアメリカ人のような人もいるだろう。上位にいる人を倒して、それらの人を下位に引き降ろすとか、格差をなくするような行動をとれば社会に不安を与えるだけなので好ましくないと思い、格差の存在を容認した上で自分が努力して上の位置に登ることを希望する人である。

アメリカ人とヨーロッパ人の比較をしたときに、アメリカで所得の低い人はそれほど不幸を感じておらず、自分が頑張っていつかは高所得者になろうとする人が多いと述べたことを思い出してほしい。

これこそが格差の存在を容認した上で、自分が上に這い上がろうとする人がいるとする「システム正当化理論」がうまく適合する例である。

「システム正当化理論」におけるもう一つの有力な根拠は、保守主義との関係である。現在のシステムを保持することが、人々に心理的な安寧感を与えるという事実に注目する。人々が保守的な思想を持つということは、不確実性のあることを好まず、かつ変化を嫌うことを意味する。これは、すなわち現状の肯定なので、世の中にすでに格差の存在することを保守の立場から擁護するのである。こういう人はさほどの野心の持ち主ではないとも解釈できる。

これに関して、「システム正当化理論」を支持するもう一つの根拠を自説として述べておきたい。それは自分の所得は低所得であっても、生活が苦しいというレベルの貧困でない限り、高所得者になりたいと思わない人が一方で存在するということである。そこそこの生活で暮らせて家族と幸せに過ごせるなら、自分で納得するのである。こういう人の存在については橘木(二〇一六c)で示した。

第三に、集団的格差の肯定、ということを述べておこう。例えば、アメリカにおいては黒人と白人の間には様々な偏見や差別が存在して、教育、仕事、収入などに関して格差があるし、アメリカのみならずどこの国にも似たような偏見や差別があり、女性と男性の間にも格差がある。これらは人種や性差別といったことで区別される集団と考えてよい。

これらの各集団の間には格差の存在することは明らかであるが、それはそれぞれの集団に属する人の間でのことなので、自分には責任のない格差であると個々の人々が思うことがあるかもしれない。

すなわちすべての人がその集団に属する特有の性質（すなわち、黒人か白人か、女性か男性か）を共有していることから格差が発生しているので、意図的に差別しているのではなく、個人に非はないと白人や男性が思うかもしれない。逆に、黒人や女性も同じ思いで、自分の非で格差の下にいるのではないと思うかもしれない。換言すれば、自分と同じく恵まれている集団に属する人や逆に恵まれていない集団に属する人が、他にも多数いるので別に優越感や劣等感を持つ必要はないという感情が人間にはある。この心理的な要因が、集団的格差の肯定につながると考えてよいのではないだろうか。もっともこの集団的格差があるからという理由で、人種や性による差別自体を肯定してはならない。集団的格差の肯定は、一種の気休めにすぎず、集団的格差自体を排除する努力は極めて重要である。

❖ポピュリズムは格差問題にどう対処したか

第1章における左翼ポピュリズムでは、主として南アメリカ大陸の諸国において、大土地所有や産業支配に起因する格差の存在に対して、いかに左翼のポピュリズムが活躍したかを述べた。第2章における右翼ポピュリズムでは格差は主要な関心ではなかったが、移民や難民から派生する問題、あるいは保護貿易主義から派生する問題、反エリート主義による効果などから、限定的ではあるが格差の問題に多少言及した。第3章の日本でのポピュリズムでは、美濃部亮吉と小泉純一郎を左右の代表的政治家として、格差の問題をも扱った。ここではごく最近の現象に注目して、左右のポピュリズムが格差にどう対応したかを考えてみたい。

そのためには二〇一六年のアメリカ大統領選挙が格好の事例となる。それは民主党の大統領候補をヒラリー・クリントンと争ったバーニー・サンダースと、共和党で大統領になったドナルド・トランプという二人のポピュリストを比較することによって、ポピュリストが格差にどう立ち向かったかが明確にわかるので、二人に注目する。ミューラー（二〇一七）においてもこの二人を代表的なポピュリスト政治家とみなしているので、二人が格差問題にどう取り組もうとしたかを知ることは大変興味深い。

まず民主党のサンダース議員であるが、アメリカには珍しく自らを民主社会主義者と名乗る人である。資本主義の盟主であるアメリカでは、社会主義者というのは非常に珍しく、国民の多くは社会主義や共産主義を嫌っているので、上院や下院の議員になれる可能性はとても低いとみなしてよい状況にある。しかしサンダースはそこを乗り越えて、上院議員になったのであるから、政治家として卓越した仕事をしたし、人気も高かったのである。

社会主義者が珍しいアメリカ政治の中で、なぜ民主党においてクリントンと最後まで争う地位を築けたのだろうか。それはひとえに格差と関係あるといっても過言ではない。アメリカが非常に貧富の格差の大きい国であることは多くの人が認めるところであったが、それを好まないアメリカ人が、「一％が九九％を搾取している」「ウォールストリートを占拠せよ」などの標語の下、若者を中心にして、貧富の格差が大きい社会を強く批判したのが二一世紀に入ってからであった。サンダースはこれを問題にして大統領候補として名乗り出たのであり、格差への批判が高まった時期と重なったことにより、彼は民主党の有力候補にまで登りつめた。

しかし既成のエリート政治家であるクリントン候補に、ポピュリストのサンダースは勝利できずに民主党の候補者選びは終了した。サンダースは公約として、州立大学の学費無料政策、最低賃金の時間あたり一五ドルへの大幅アップ策、ケインズ政策と理解してよいような公共支出の増大によって、橋、道路、空港などのインフラ設備を充実する案、大企業のみが利益を得るＴＰＰへの反対策などを提出していたので、もし彼が大統領になっていたら、アメリカの格差是正はかなり進んだと思われる。しかしこれは夢と消え去ってしまった。

いっぽう共和党のドナルド・トランプはあれよあれよという間に大統領になってしまった。どういう政策を打ち出したかは第2章と第4章で詳しく述べたのでここでは再述せず、彼のポピュリスト政策がアメリカの格差拡大につながったのか、それとも是正に貢献しているのかを中心にして考えてみたい。

まず第一に、貿易保護政策や産業の保護で象徴される「アメリカ・ファースト政策」に関しては、短期的には失業率が下がり生産も増加するので、格差は是正に向かうだろうが、中・長期的にはアメリカ国民が価格の高い商品を買うことにつながるので、低所得階層の生活を苦しくするという意味で、短期的な格差是正を打ち消す方向に進むだろう。

第二に、移民抑制策は賃金が安くてもアメリカで働きたい外国人の数を減少させる効果があるので、貧困階層や低所得階層の数が減少することによって、格差の是正をもたらす可能性が高い。

第三に、とはいえ国民皆保険をねらった「オバマケア」の廃止策は、低所得階層の人々を再び無保険者にしそうなので、貧乏人は早死にするというアメリカ特有の健康格差ないし医療格差が再現され、かつ深刻になる恐れすらある。これは第二の項で考慮した格差是正を打ち消す可能性がある。

第四に、ＴＰＰからの離脱はサンダースのところで論じたように、大企業優遇をやめる効果があるので、格差の是正をもたらす可能性がある。しかも法人税の大胆な減税策が同時に行われるので、ＴＰＰ離脱と相伴って国内企業を育成する効果があるために雇用が増加して、これまた格差是正につながる可能性がある。

第五に、しかし中・長期的には減税と公共支出の増加は、第4章で述べたように財政赤字を肥大化させて、高金利経済になりそうであり、経済に悪影響がありそうである。これは新しい失業者を生んだり、労働者の賃金を下げることにつながるので、格差の拡大をもたらす可能性が高い。さらに高金利経済は資産保有者の金利収入や証券収入を増加させるので、お金持ちの所得に有利に作用して、格差拡大の方向にあると解釈できる。

以上、トランプ大統領の諸々の経済政策により、格差がどうなるかを予想してみたが、格差是正と格差拡大の両方向があり、確実なことはいえない。しかしそれらの両方向の合成効果は、どちらかといえば格差拡大に向かう力がより強いように思われる。トランプというポピュリスト政治家の右寄りの政策は、格差拡大をもたらしそうであると予想できる。

しかしアメリカ国民はこのことをさほど気にしないのではないだろうか。なぜならば本章の**2**で論じたように、経済学、心理学、政治学の立場から「格差是認論」が考えられるが、トランプ大統領の政策による格差拡大化は、そこで論じた「格差是認論」で解釈可能であり、アメリカ国民にとって深刻なことではなさそうである。

そう判断する根拠をいくつか述べておこう。第一に、トランプ自身を筆頭にして政権担当の大臣や支持者の多くは、高所得・高資産保有者の企業経営者に多く、指導者も一般大衆も「社会的支配理論」や「システム正当化理論」を信じていると見られ、この二つの理論でアメリカにおける格差容認論を解釈できると思われる。

第二に、アメリカ人全体として経済が強くなることへの希望は強く、たとえ所得格差が大きくとも指導者層がしっかり働いて経済効率化が達成されるなら、まずそれを第一に優先したいと考えるアメリカ人が多いと判断できる。

第三に、何度も強調したことであるが、今はたまたま貧困、あるいは低所得に甘んじているが、機会平等の性質が強いアメリカならば、自分も頑張っていつかは成功してお金持ちになる、と信じている人がかなり存在している。結果として少数の成功する人と多数の成功しない人がいるだろうが、少なくとも現在の低所得をそう悔しく思っていない人の存在は、格差是認論を支持する証拠となる。

第四に、アメリカ国民の特質として、自立を尊重するので、国家に頼ろうとする気持ちは弱く、所得再分配効果への期待は薄い。これも格差是認論につながる。

終章　ポピュリズムとどう向き合えばよいか

1　ポピュリズムをまとめてみると

これまでの章でポピュリズム、ポピュリストを様々な角度から議論してきた。世界における左翼ポピュリズム、右翼ポピュリズムのことから始まって、日本におけるポピュリズムをも考察した。さらに、本書のテーマに応えるために、ポピュリズムを経済の視点で評価するとどうなるか、筆者の関心である格差の問題とポピュリズムとの関係で考えるとどうなのか、といった点を幅広く論じてきた。

ここでポピュリズムの特徴を、筆者自身の独断と偏見といわれる可能性を覚悟でまとめてみると、次のようになろうか。

第一に、主義や思想を共通の基盤として有する人々、あるいはそれらの人の支持がある政党の枠を超えて、国民に幅広く直接に訴える行動をとる。

そこで重要な点は、その訴える手段として、新聞、テレビ、書物などのメディアをよく用いるし、訴える人として超有名人、超人気者をしばしば用いる。そして既成のエリート政治家や既成権益の中にいるエリートを批判して、それらの人の行う政治を排除する行動に出る。換言すれば、声なき声を吸収するように努力して、既成権益の外にいる大衆の味方になる立場を強調する。

第二に、誰でも嫌がる政策を前面に出してきて、それら国民の嫌う政策をあえてしないと主張することがある。代表例として、次の三つがある。第一は、自分の働いている企業なり産業にとって不利となる政策の排除を主張する。例えば、農家にとっての農産物の自由貿易化に対して、保護貿易を主張する。第二は、誰でも税金を徴収されるのは嫌なことに注目して、増税に反対するとか減税を優先する政策を主張する。第三は、貧乏な人や機会に恵まれない人に税金を投入するような所得再分配政策に対して反対する。これも国民の嫌税感に同調するのである。そして究極的には格差是正に反対するのである。

経済学では幼稚産業の場合を除いて自由貿易が輸出入国の双方にとって好ましい帰結を生むことがわかっているが、保護貿易を主張してその産業で働いている人を保護するという行動に出る場合がある。経済合理性に立脚すれば自由貿易は国民のためになることはわかっているが、それをやると被害を受ける一部の人々や産業が出てくると述べて、それらの人に「いい顔」をして保護主義を主張するのもポピュリズムの一種である。

税金に関しては、教育、社会保障、橋・道路などの公共財の財源として税金は必要なのであるが、国民が嫌がっている税金の負担を小さくするという「いい顔」をして、増税反対や減税を主張するポピュリストがいる。経済学の学問上では公共経済学として国民全員の負担による公共財の提供は必要とされているのであるが、あえて嫌税感に同調して、こういう公共財の必要性に賛成しないのである。

次に格差是正策については、所得分配という結果の格差や機会不平等を是正するために政府がいろいろな政策、例えば所得再分配政策、社会保障政策、教育政策、移民政策などを行いえるが、これに関しては国民の意見は様々である。しかも人々の信条や価値判断にも依存するので、どういう政策を行うかは国民の多数決原理による民主政治によって決定されるべきである。

しかしこれに関してもポピュリスト登場の余地がある。すでに述べたように国民一般の嫌税感に訴えて、ここで述べた諸政策を行う必要なしと主張する。さらに、国民が日頃気にしているような事実、例えば社会保障を充実すると国民は怠惰になる、能力・学力のない人にいくら教育を施してもその見返りは少ない、税金を払っている市民はともかく、外国人や移民にまで様々なサービスを提供するのは公平性の原理に反する、といったことを国民に宣伝して、これらの政策を導入させないような声を発するポピュリストがいる。

これらのことは経済学、社会学、政治学、心理学といった学問上で公正に分析して、正しい評価を下す必要のある分野である。社会保障のことや教育のことは本書でも学問上の議論を一部紹介したが、外国人や移民をどう扱うかはなかなか学問や論理だけで解決できる問題ではない。逆にいえば、学問や論理よりも人々の心情や好み、誇張すれば人生観や博愛精神に訴えるところもあるので、外国人・移民排斥を説くポピュリストが多いのは、ここに一つの原因があるといってよい。現代のヨーロッパ各国において、大なり小なり外国人・移民排斥の声のあることは本書でも紹介した。

2 自由主義・民主主義と相容れるか

以上がポピュリズムをごく簡単にまとめたものであるが、続いて現代における政治の基本原則である自由主義・民主主義と、ポピュリズムが相容れるかということを議論しておこう。

自由主義と民主主義は、旧い時代の封建国家や専制国家のように国民の自由が束縛されていた時代とか、国民全員が選挙によってトップの大統領や首相、そして議員を選ぶ時代になかったところを、国によっては民衆の市民革命などで獲得したり、あるいは領主や国王の退任を求めて強い運動を行ってそれに成功したときに得られた思想・主義である。

現代の世界では一部の王制の国や軍事政権の支配する国を除いて、多くの国においてこの自由主義と民主主義は達成されている。評価の困難なのは社会主義の国家であり、表面上は民主的に国家の首長や議員は国民の選挙によって選ばれているが、半強制的に投票が強いられているし、国民の自由な政治、経済、発言、行動などの諸活動に制限がある。日本を含めた先進諸国の大半はこの自由主義と民主主義を概ね成就していると理解してよい。ではこれまで述べてきたこういう国で発生しているポピュリズムやポピュリストが、自由主義と民主主義とどう両立するか、といったことを考えてみよう。

本書では戦前や戦後の一時期における世界各国のポピュリズム（それは右翼、左翼を問わず）を紹介したが、こういう時代では自由主義や民主主義がまだ定着していなかった国もあったので、軍事力を行使して政権を奪取したポピュリストもいた。代表的には戦後も含めて中南米諸国がそれに該当する。ポピュリズムは自由主義や民主主義と相容れない時代もあったのである。

特筆すべきことは、ヒトラーのドイツである。ヒトラーは強い軍事力で国外と国民への強い圧力を示して独裁政権を打ち立てた政治家であるが、度重なる選挙によって総統にまでなった人であると知っておこう。彼は確かに民主的なプロセスを経てトップになったのである。そのためには国民から幅広い支持を得るために、国民の利益になる政策を積極的に導入したし、それを大々的に宣伝することを怠らなかったポピュリストだったのである。もとより強権を発動してヒトラーのナチズムに反抗する人々を逮捕や処刑で排除する姿勢を貫いたので、個人の自由や人権の抑制を図った事実を忘れてはならない。つまり自由主義は無視されたが、少なくとも選挙によって国会議員や首相、総統を選ぶという民主主義の破壊までは初期の時代のヒトラーは行わなかった。つまり一見民主主義は保持されたのである。とはいえその後独裁となったヒトラーのナチズムの取った行動は、特定民族（ユダヤ人）の排除とか軍事力による外国侵攻といったものだったので、決して許されるものではない。

中南米諸国における者やドイツのヒトラーといったポピュリストとは別に戦後の先進諸国においても、本書でも示したように、ポピュリズムはヨーロッパ、アメリカ、日本でも出現した。しかし重要なことは、これらポピュリズムやポピュリストは、自由主義や民主主義の否定という行動まではしていない。国民の自由な選挙制度の下で民主的に議員や首長を選ぶという制度に反対せず、むしろ固執しているのは評価してよい。

もっとも選挙に勝つための手段として、超有名人を候補にしたり、大々的な宣伝活動をしながら民衆に受け入れられそうな政策を主張して、人気取り作戦を大いに実行しているのが、今日でいうポピュリズムである。反エリート主義を掲げて庶民の味方である姿を全面的に打ち出しているところにも特色がある。そのための手段としてナショナリズムを掲げるし、選挙に勝つための制度として国民投票を活用すべしと主張するのもポピュリズムの特色である。

ミューラー（二〇一七）はポピュリズムを評価して次のように批判する。ポピュリズムは自分たちの思想や主義を唯一で正当なものとみなす傾向が強く、他の思想や主義を排除する行動をとることがある。あたかも独裁政権のような行動に出ることがあるし、ミューラーの言葉を借りれば、ポピュリズムは「多元主義」の排除という特色を有するのである。

世間には各種各様の思想・主義の存在することは確実であり、それを「多元主義」の世界と理解すれば、民主主義はそれらのうちどれを採用するかは、国民による選挙を主体とした多数決原理で決める。多数決原理にも坂井（二〇一五）の指摘するように様々な課題はあるが、それに勝る原理は現状ではなかなか存在しないし、たとえ存在しても、実践するには多大の工夫と多大の困難を伴うので、民主主義イコール多数決原理とみなしてよい。そして肝心なことは、「多元主義」では多数決で決まったことを否定しないし、実行を邪魔しないのが一般的である。ところがポピュリズムはこの「多元主義」を好まず、自分たちの思想・主義を唯一の正当なものと主張しがちである点を、ミューラーは批判しているのである。

ミューラーの批判は真っ当なものである。ポピュリズムと民主主義は両立しない可能性を秘めているが、後に述べるようにそう悲観しなくてよい。現代のヨーロッパ、アメリカ、日本は、例えば軍事力や他の強硬手段を用いて時の政権を倒すといった社会ではない。ポピュリズムが民主政治で自分たちの主張が否定されたからといって、軍事力に頼って自分たちの主張を押し通せるような状況にはない。政情不安定な発展途上国ならともかく、自由主義・民主主義の成熟した先進諸国では軍事クーデターなどは考えにくい。

むしろ現代における危惧は世界中におけるテロ行為の横行である。自分たちの好みとしない政治家や、ときには一般市民まで巻き込んで、テロによってそれらの人を抹殺する行動を起こすグループの存在である。ポピュリストの一部が、どうしても自分たちの主張を通したいために、反対派の人をテロで排除する可能性がゼロではない時代に入っている。

いま西洋のポピュリズムの多くは、外国からの移民の一部がヨーロッパやアメリカでテロ行為を起こしている現状を嫌って、移民を排斥する案を主張している。確かに、イスラム諸国内での過激勢力は、ヨーロッパの各地で自分たちの存在感と主張を誇示するためにテロを起こしている。そうするとヨーロッパの市民は恐怖のあまりに、テロを実行している外国人や移民の排除を主張するポピュリズムに賛成する可能性が高まるのである。

テロ行為をどう防ぐかといった課題は、筆者の能力を超えたことなので具体案を述べることはできないが、テロの横行がヨーロッパやアメリカの人を外国人や移民の排斥に向かわせているのであり、そこにポピュリズムが取り入ろうとしている点は、理解する必要がある。

3　ポスト真実とフェイクニュース

ポピュリズムを語るときに重要な事柄がある。それはここ最近になってよく論じられるようになり、ポスト真実（英語ではpost-truth）やフェイクニュース（fake news：虚偽の情報）と呼ばれる言葉で代表される現象である。ポスト真実は客観的で正確性の高い事実や真実が重視されない時代にあることを意味している。換言すれば、自己の主義や政策への支持を受けたいがために、反対派を批判する手段をいろいろ講じるのである。例えば、虚偽の情報を意図的に流すことで、反対派を封じ込めたり、自己への支持を高めようとするのである。そして事実や真実はその後に皆が知ることになるので、ポスト真実と呼ばれるのである。あるいは流布する虚偽が真実に勝る、という解釈もある。

本来ならば事実、ないし真実の情報に基づいて、人々は支持政党や政治・経済の方針の賛否を決めるべきなのであるが、世の中には虚偽の情報を意図的に流す手段に訴えて、世論を自分への支持に向かわせようとする人々や政党がいる時代なのである。それらの手段を用いる人々や政党にポピュリストやポピュリズムが多い時代のことを、ポスト真実と称するのである。

この現象が特に目立ったのは、二〇一六（平成二八）年の英米両国における大きな選挙のときであった。イギリスのEU離脱に関する国民投票と、トランプが選ばれたときのアメリカ大統領選挙である。

イギリスの国民投票のときは賛否が拮抗していたので、双方が必死になって自説の支持を訴えた。いろいろなことを意図的、あるいは客観的な証拠もなしに流し、感情を刺激して世論に訴えたのがポスト真実である。インターネットの時代なので、新聞やテレビを通してではなく、ネットで流すことが多かった。あるいは新聞やテレビにおいても掲載料を払う広告として出すこともあった。

EU離脱賛成派が流したのは、例えば、①移民がイギリスの雇用を「これだけ」の人数奪っている。②EUなどのグローバル化によってイギリス経済は「これだけ」の生産量、所得を失っている。③EUへの拠出額、あるいは分担金がなくなれば、イギリスの財政は「これだけ」潤うので、イギリス経済と社会は「これだけ」発展できる、などの情報である。ここで述べた「これだけ」というのが曲者で、正確な計算や研究成果に依存せずに、すなわち自己に都合のよい数字を羅列して、人々を騙そうとしたり信じ込ませようとするのである。

一方のEU離脱反対派が流したのは、①イギリスがEU離脱したら、ロンドンにある諸国のEU関連機関（例えば欧州銀行監督局や欧州医薬品庁）が離れるので、雇用を「これだけ」失うことになる。②外国の民間企業や銀行もロンドンや各地から離れるので、雇用はもとよりイギリス国内の生産量が

「これだけ」失われることになる。③比較的低賃金で雇用されている東欧系の労働者がイギリスからいなくなると、イギリス人は低賃金で過酷な労働という苦しみを「これだけ」覚悟せねばならない、などの情報であった。ここでも「これだけ」という数字にさほどの根拠はなかったのである。

このようにEU離脱賛成派と反対派はフェイクニュースと呼ばれても仕方のない、根拠なき情報を流して、自分たちの支持を得ようとした。これは「真実ないし事実でない情報」の流布なので、今の時代はポスト真実の中にあると論じられるようになったのである。真実や事実などはどうでもよいという印象を与える時代になっていると解釈するのが「ポスト真実」である。あるいはフェイクニュース（虚偽の情報）の氾濫の時代にわれわれは生きている、といってもよいのである。

トランプ大統領の選ばれたアメリカ大統領選挙も同様であった。トランプはイスラム系移民がアメリカでテロを繰り返しているとか、メキシコ国境から大量のメキシコ人が流入してくるので、アメリカ国民の雇用を奪っているとか、あるいは犯罪が増加しているとか述べて、国民の不安を煽る作戦に出たのはよく知られている。

さらにオバマ前大統領が導入した「オバマケア」に関しても、国民に負担を強いる政策にすぎず、国民（特に中・高所得者層）にとって利益にならないとして、厳格な根拠を示さずして個人の感情や信条へのアピールに訴えた。保護貿易（あるいは二国間貿易交渉）を望むトランプは、TPPやNAFTA（北米自由貿易協定）はアメリカ国民にとって損になると、根拠を示さずに主張したことも有名である。

アメリカ大統領選挙では相手候補への個人的攻撃があたりまえの時代である。例えば、トランプは「オバマ前大統領がクリントン不支持」とか、「ヒラリー・クリントン陣営の元選挙対策本部長が児童買春組織に関わっている」とのデマや虚偽のニュースを流したのである。

一方でトランプは大統領に就任後、自己が過去に犯したセクハラやパワハラのスキャンダルが暴露されると、「それはフェイクニュース」だと否定して、自己に都合の悪い情報を認めようとしない行動が目立っている。政治家ないしその取り巻きがフェイクニュースをまき散らし、それに対する応酬としてまき散らされた側もフェイクニュースを流し返す、というフェイクニュース合戦の時代になっている。

このようにして世界各国でポスト真実の時代に入り、フェイクニュースや根拠のない耳当たりの良い情報が意図的に流されるようになり、国民はどの情報を信じてよいのか選択に迷う時代にいるといっても過言ではない。特に強調しておきたいことは、ポピュリストあるいはポピュリズムがこのフェイクニュースや根拠のない情報を意図的に多用するのであり、それに惑わされる国民が多くなったのが現代なのである。中にはそれに騙される人も出てきて、投票で間違った行動をする人がいるのが現状である。しばらく前は情報が氾濫しすぎて何を選択してよいかを迷う時代に入ったとされたが、最近はそれに加えて虚偽の情報まで流されるようになり、国民はますます迷う時代に生きているのである。

戦前や戦後の一時期において、ポピュリズムは軍事力や独裁力を行使して、政権を強引に奪取したことがあった。いわば自由主義と民主主義を踏みにじった時代もあったのである。しかし現代のポピュリズムはそこまでの強硬策を取る例はほとんどなく、建前上は自由主義と民主主義を堅持しようとしている点で、好ましいといえる。しかしあらゆる方策（特にマスメディアの使用）を駆使して選挙によって政権を取ろうとしているのがポピュリズムであり、その方策は既成政党よりも目立つものである。さらにトップとして超有名人が就くことが多い。これは本人自らのトップになろうと動く場合と、まわりから押される場合の二つがあるが、前者のケースが多い。そうした超有名人には無能な人や政治に不向きな人もかなりいる。

4　ポピュリズムへの対処の方法

こうして反エリート主義を掲げ、大衆の支持を得たポピュリストなりポピュリズムの政治手法に対して、われわれはどう対処したらいいのだろうか。何度か述べたように、ミューラー（二〇一七）はポピュリズムは自分たちの党のみの価値を認めて他の党の主張を認めないという「反多元主義」を批判するが、筆者はその「一元主義」が軍事力などを用いての非民主的な政権奪取作戦でない限り、完全否定はしない。繰り返すが建前上は自由主義と民主主義に立脚しているからである。ただし、われわれはポピュリズムに騙されないようにする、あるいは注意深く対応するのが重要と考える。

ポピュリズムにどう気をつけたらよいのであろうか。第一に、ポピュリズムは理論的・学問的な論拠に乏しい思想や政策を主張する傾向が強い。換言すれば、国民にとって耳当たりのいい思想や政策を主張して、支持を得ようとする行動に出るのである。例えば、移民の排斥、国内産業を強くするための保護貿易、などいくつかある。格好の例としては、誰でも税金を徴収されるのは嫌なことに注目して、減税策を主張することが多い。公共財の提供にとって、あるいは教育・社会保障のため、格差是正のためには租税と社会保険料の徴収は必要なのであるが、負担を相当無視して支出や給付のみを宣伝しがちである。これは他の政党にも該当することでもあるが、特にポピュリズムの人気取り作戦にはこれが多く、騙されないようにせねばならない。税金以外にも国民の嫌がることは多くあるので、惑わされてはならない。

第二に、第一で述べた宣伝活動において、ポピュリズムは超有名人を活用して弁舌さわやかに自分たちの主張をテレビなどのメディアを通じて発する。それもイケメン、美人といった美形の人でなされることが多いので説得力があるように見え、騙される可能性が少しではあるとはいえある。気をつけなければならない。ポピュリストが真に有能で政治に向いているかをわれわれは冷静に判断せねばならない。

第三に、思想や政策の効果を評価したり説得力を持たせたりするためには、経済学、政治学、哲学、法学などの学問の役割が大きい。理論的・学問的な論理に立脚して思想や政策を考えることはとても合理的なのである。きっと国民にとっても判断の基準になる思想や政策が主張されるのであるが、国民が学問の成果を理解することはそう容易ではないので、学者や専門家に対しては、国民に非常にわかりやすく理論、思想、政策を丁寧に啓蒙する作業が期待される。一方で国民の側も、わかりやすく書かれた学問的な知識をできるだけ消化して、自分の主義・主張の形成や投票行動などの判断基準にする姿勢がほしい。理論武装していればポピュリズムに騙される確率も低下するのである。

第四に、ポピュリストは過去に述べたことと、現在述べていることに矛盾のあるケースが結構ある。昔の現状に合わせた耳当たりのよい発言、今の現状に合わせた聞き心地のいい発言の間に齟齬の見られることがある。もとより時代が進むとともに政治、経済、社会、人の思いなどの状況の変化があるので、主張に違いの生じることは当然である。聞く人はその違いが合理的なものかどうかを見抜く必要がある。もっともここで述べたことはごく普通の政治家にも大なり小なり起こりうることなので、われわれ庶民が政治家全員の発言に注意深くありたいということになる。

またこれに関してはマスメディアの役割が大切である。庶民は政治家の発言をすべて記憶できないので、それらの記録を十分に行っているメディアの検証に期待したい。

フェイクニュースが飛び交い、根拠のない情報が世を駆け巡る時代への対応策はあるのだろうか。こういう時代に入ったいくつかの理由としては次のようなものが考えられる。①インターネットが日常の通信手段になると、無記名の情報が簡単に流せるようになった。責任の追及されない無記名記事は、往々にして無料で流せるし、無料で読むことが可能である。「タダより高いものはない」の格言通り、これらが横行している時代に入り、読み手はその情報が真実であるか虚偽であるかの判断はなかなか困難である。
②では有料にすればよいかといえば、それもなかなか困難である。まず虚偽の情報を意図的に流したいとする人は、掲載料やテレビ広告料金を負担してまでもそれを実行しようとすることがある。新聞、雑誌、テレビなどのマスメディア業界も、ビジネスと割り切って、その記事や番組、ないし広告が真実に基づいたものなのか虚偽なのかの判断を避けて、とにかくお金になるものは流す傾向がある。アメリカの選挙における有料のキャンペーンはその代表例である。さらにこれらマスメディアもそれが真実か虚偽かの審査や判断をする能力や時間を持ち合わせていない。特にメディアが自分の意思によって企画するものでなく、持ち込み企画で、かつマスコミ当局で流す例が収入目当てで行う報道であればなおさらである。さらに、それを書く人、あるいは話す人がある程度の知識人や有名人であれば間違いはないだろう、と思い込んでしまう可能性もある。
以上のことを考慮すると、考え得るいくつかの対策を主張できる。（1）書き手や話し手が無料で流す情報を信じるな。（2）有料で流される情報であっても、根拠が示されている事実に基づき、かつ主張の根拠が明確に示されている情報・主張のみを傾聴せよ。そしてそれを鵜呑みにすることなく、慎重に検討してから自分の意向を決めよ。（3）情報を得たい人も、タダでそれを得ようとせずに、自分でその負担をすることをためらうな。（4）日頃から勉強するのに務めて、知識の向上に励むこと。そうすればフェイクニュースやポピュリストに騙される確率が低下する。もしそのような時間のない人は、日頃の言動や記録から信頼できる人を定めておいて、その人の主義・主張をまず検討して

みる。でも最後は自分の意思を大切にしたい。

第五に、ここまで述べてくれば、筆者はポピュリズムを完全否定しているのではないか、と思われるかもしれないが、必ずしもそうではない。国民は声を大にして主張されている一つの思想・主義を知って、しかもそれに一定の支持のある理由を探索すればよい。それらを国民あるいは政治家、官僚、学者が正当にかつ慎重に吟味することによって自分自身の思想・主義の形成の資料にすればよい。要はポピュリズムの思想・主義に惑わされるのではなく、それを自分の頭で考えて自分の思想・主義を決めるようにすればよいのである。

第六に、ポピュリズムは「反多元主義」を原則とし、自分たちの思想・主義しか認めない「一元主義」の傾向が強いので、独善的になって自分たちの思想・主義を強硬に主張して、成功させようとする可能性がある。過去にはヨーロッパや南米でその例が見られたが、現代では自由主義と民主主義に反するような行動をとらないポピュリズムが多い。とはいえポピュリズムの本質として、軍事力や他の強硬手段を用いて政権取りに走らないという一〇〇％の保証はないので、われわれ市民は常にポピュリズム運動がそのような行動に走らないための監視を行い、場合によっては民主的に強硬な手段を用いて、ポピュリスト政策の実行を阻止する行動を行う覚悟が必要である。

5　まとめ

ポピュリズムをまとめてみよう。

筆者の個人的な好みの経済政策は、ポピュリストが主張する経済政策とは異なる。第一に、ポピュリストの多くは保護貿易主義を主張するが、筆者は基本的に自由貿易論者である。本書で明らかにしたように経済学においても幼稚産業保護論などは保護貿易を支持するが、先進国においては消費者の利益を考えたら自由貿易が好ましい。さらに保護貿易が広まって関税率引き上げ競争といった経済戦争の時代に入ると、経済が成長せずに世界経済が打撃を受けることにつながりかねない。

第二に、移民や難民の排除というポピュリストの主張に関しては、原則的には人の移動は経済の視点からすると排除してはならないという意見に賛成である。すなわち人材の移動には経済利益がある。しかしこの問題は、人種、宗教、文明など経済の観点だけでは評価できない問題を社会に与えることがあるので、人々がそれらの課題に寛大であるとか問題なしと判断できる社会になっている必要がある。具体的には、人種、宗教、文明の違いによって人々を差別することの非人道性を国民が大いに理解できていなければならない。そのためには哲学、倫理学、人類学、宗教学、社会学の初歩的でもいいから基本的な考え方を国民が理解できるような教育を施しておく必要がある。

第三に、世界経済において、ヒト、モノ、カネの移動が多くなる時代を迎えると、グローバリズムの信仰の下に国家の枠を超えた経済共同体（例えばEUなど）を形成した方が経済運営はうまく進むと予想できる。従って、経済共同体はそれなりに価値のある政治・経済組織である。しかしそれが行き過ぎると、国民性や文化・文明の独自性が失われる可能性があるので、民族のアイデンティティ（同一性）をうまく保つ必要がある。しかも他の経済共同体と敵対関係に陥るのも好ましくない。これらの諸問題にうまく対処できて、経済共同体のメリットを活かせるような政治・経済組織の形成が必要である。これはまだ途半ばの感が強く、人類社会における課題であろう。

　第四に、ポピュリズムは福祉の充実を望まない。自立主義を好むし、政府はできるだけ小さい方がよいと思う人が多ければ、この方針は自然である。格差是正の是非に関しても、左派ポピュリズムは必ずしもそうではないが、現代では右派のポピュリズムが優勢なところから、格差是正に消極的である。有能で頑張る人が高い報酬を得るのは理に適うとみなしている。そして低所得の人は有能でないか怠けているかのどちらかが原因とみなしている。経済効率性の重視という意向が強い。

　この話題は第5章で詳しく検討したものであるが、時に日本の現状についても言及した。日本人の過半数（約三分の二）は格差容認論なのであり、アメリカ型の自立主義と経済効率の優先策への支持が強い。筆者自身のスタンスはヨーロッパ型の福祉国家の追求と、格差はできるだけ小さい方がよい、とのスタンスである。なぜそう主張するかを述べるには大幅な紙幅が必要なので、ここではそれをせず、橘木（二〇一六b、二〇一六c）を挙げておく。関心のある方はそれを参照していただきたい。

　とはいえ日本国民の過半数がすでに述べたように福祉における自立主義と格差容認論を選択して、その選択に応じて形成された政府がそれに沿った経済政策を行うことを了解する。ポピュリズムは「反多元主義」なので好ましくないが、自由主義と民主主義によって選ばれた政府であれば、たとえ筆者の意向と異なった政策を行う政府であってもポピュリズムから離脱していると解釈してよい。しかしドイツのナチス党のように初期の頃は民主的に政権を担当したが、後になって独裁政治や非人道的な政治を行った例もある。偽政者がどういう政治を行うのかを慎重に監視する必要がある。

参考文献

Alesina, A., E.Glaeser and B. Sacerdote（2001）"Why Doesn't the United States Have a European-Style Welfare State?" *Brookings Papers on Economic Activity*, Fall, pp.187-276.

Bourguignon, F. and C. Morrison（2002）"Inequality among World Citizens: 1820-1992," *American Economic Review*, vol.92, pp.727-744.

Clanton, G.（1991）*Populism: The Humane Preference in America, 1890-1900*, Twayne Publishers.

Hakobyan, S. and J. Mclaren（2016）"Looking for Local Labor Market Effects of NAFTA," *Review of Economics and Statistics*, vol.98, pp.728-741.

Lakner, C. and B. Milanovic（2013）"Global Income Distribution: From the Fall of the Berlin Wall to the Great Recession," *World Bank Economic Review*, August.

Rodrick, D.（2017）"Populism and the Economics of Globalization," CEFR Discussion Paper No.12119.

Sen, A.（1999）*Reason before Identity: The Romanes Lecture for 1998*, Oxford University Press.

Walzer, M.（1983）*Spheres of Justice: A Defence of Pluralism and Equality*, Harvard University Press.

アトキンソン、アンソニー（二〇一五）『21世紀の不平等』山形浩生・森本正史訳、東洋経済新報社（*Inequality: What Can Be Done?*, Harvard University Press, 2015）

池上知子（二〇一二）『格差と序列の心理学――平等主義のパラドクス』ミネルヴァ書房。

大嶽秀夫（二〇〇三）『日本型ポピュリズム――政治への期待と幻滅』中公新書。

キャロル、ローリー（二〇一四）『ウーゴ・チャベス――ベネズエラ革命の内幕』伊高浩昭訳、岩波書店（*Comandante: Hugo Chávez's Venezuela*, Penguin Press, 2013）

国末憲人（二〇一六）『ポピュリズム化する世界』プレジデント社。

坂井豊貴（二〇一五）『多数決を疑う――社会的選択理論とは何か』岩波新書。

サンデル、M（一九九二）『自由主義と正義の限界』菊池理夫訳、三嶺書房（*Liberalism and the Limits of Justice*, Cambridge University Press, 1982）

シュミット、カール（二〇一五）『現代議会主義の精神史的状況』樋口陽一訳、岩波文庫（*The Crisis of Parliamentary Democracy*, MIT Press, 1998）

白波瀬佐和子（二〇一二）「格差社会の意識構造」武川正吾・白波瀬佐和子編『格差社会の福祉と意識』東京大学出版会、終章、一八九－二〇三頁。

橘木俊詔（一九九八）『日本の経済格差――所得と資産から考える』岩波新書。

橘木俊詔（二〇〇六）『格差社会――何が問題なのか』岩波新書。

橘木俊詔（二〇〇九）『東京大学――エリート養成機関の盛衰』岩波書店。

橘木俊詔（二〇一三）『「機会不均等」論』ＰＨＰ研究所。

橘木俊詔（二〇一五）『経済学部タチバナキ教授が見たニッポンの大学教授と大学生』東洋経済新報社。

橘木俊詔（二〇一六ａ）『お金持ちの行動学』宝島社。

橘木俊詔（二〇一六ｂ）『21世紀日本の格差』岩波書店。

橘木俊詔（二〇一六ｃ）『新しい幸福論』岩波新書。

橘木俊詔（二〇一八）『福祉と格差の思想史』ミネルヴァ書房。

立石博高・奥野良知（二〇一三）『カタルーニャを知るための50章』エリア・スタディーズ。

田中陽児・倉持俊一・和田春樹（一九九四）『ロシア史2　18〜19世紀』〈世界歴史大系〉山川出版社。
恒川惠市（二〇〇八）『比較政治――中南米』放送大学教育振興会。
トッド、エマニュエル（二〇一六a）『問題は英国ではない、EUなのだ――21世紀の新・国家論』堀茂樹訳、文春新書（"L'étape numéro 4, après le réveil de l'Allemagne, de la Russie, et du Royaume-Uni, doit être le réveil de la France," 2016）
トッド、エマニュエル（二〇一六b）『グローバリズム以後――アメリカ帝国の失墜と日本の運命』朝日新書。
中谷義和（二〇一七）「日本のポピュリズム」中谷義和ほか編『ポピュリズムのグローバル化を問う――揺らぐ民主主義のゆくえ』法律文化社、終章、二四五‐二六〇頁。
ハーバマス、J／N・ルーマン（一九八四‐八七）『批判理論と社会システム理論――ハーバマス＝ルーマン論争（上・下）』佐藤嘉一・山口節郎・藤沢賢一郎訳、木鐸社（*Theorie der Gesellchaft oder Sozialtechnologie. Was leistet die Systemforschung?*, Suhrkamp Verlag, 1971）
ピケティ、トマ（二〇一四）『21世紀の資本』山形浩生・守岡桜・森本正史訳、みすず書房（*Le Capital au XXIe siècle*, Editions du Seuil, 2013）
フォン・ミーゼス、ルードリッヒ（二〇〇二）『経済科学の根底』村田稔雄訳、日本経済評論社（*The Ultimate Foundation of Economic Science*, English version, Mises Instituts, 2010：原本はドイツ語）
松尾秀哉（二〇一四）『物語ベルギーの歴史――ヨーロッパの十字路』中公新書。
松尾秀哉（二〇一七）「合意型民主主義におけるポピュリズム政党の成功――ベルギーを事例に」中谷義和ほか編『ポピュリズムのグローバル化を問う――揺らぐ民主主義のゆくえ』法律文化社、第五章、一〇二‐一一八頁。
松下洋（一九八七）『ペロニズム・権威主義と従属――ラテンアメリカの政治外交研究』有信堂高文社。
松田道雄（一九九〇）『世界の歴史22　ロシア革命』河出文庫。

水島治郎（二〇一六）『ポピュリズムとは何か――民主主義の敵か、改革の希望か』中公新書。
ミューラー、ヤン゠ヴェルナー（二〇一七）『ポピュリズムとは何か』板橋拓己訳、岩波書店（*What is Populism?*, Suhrkamp Verlag, 2016）
ミラノヴィッチ、ブランコ（二〇一七）『大不平等――エレファントカーブが予測する未来』立木勝訳、みすず書房（*Global Inequality: A New Approach for the Age of Globalization*, Harvard University Press, 2016）
森田安一（一九九四）『スイス　歴史から現代へ』刀水書房。
八木あき子（一九八〇）『二十世紀の迷信――理想国家スイス』新潮社。
ラスマッセン、D（一九九八）『普遍主義対共同体主義』菊池理夫・山口晃・有賀誠訳、日本経済評論社（*Universalism vs. Communitarianism: Contemporary Debates in Ethics*, MIT Press, 1990）
ロールズ、J（二〇一〇）『正義論』川本隆史ほか訳、紀伊國屋書店（*A Theory of Justice*, Harvard University Press, 1971）

▒著者略歴
橘木俊詔（たちばなき・としあき）
1943年兵庫県生まれ。小樽商科大学卒業。大阪大学大学院修士課程修了。ジョンズ・ホプキンス大学大学院博士課程修了（Ph. D.）。京都大学教授，同志社大学教授などを経て，現在京都女子大学客員教授，京都大学名誉教授。元日本経済学会会長。専門は労働経済学，公共経済学。
著書：『21世紀日本の格差』（岩波書店，2016年），『日本人と経済』（東洋経済，2015年），『「幸せ」の経済学』（岩波現代全書，2013年），『女性と学歴』（勁草書房，2011年），『日本の教育格差』（岩波新書，2010年），『女女格差』（東洋経済新報社，2008年），『格差社会　何が問題なのか』（岩波新書，2006年），『日本の経済格差』（岩波新書，1998年）など多数。

ポピュリズムと経済
グローバリズム、格差、民主主義をめぐる世界的問題

2018年7月2日　初版第1刷発行

著　者　橘　木　俊　詔
発行者　中　西　　良

発行所　株式会社　ナカニシヤ出版
〒606-8161　京都府左京区一乗寺木ノ本町15
TEL（075）723-0111
FAX（075）723-0095
http://www.nakanishiya.co.jp/

印刷／製本・モリモト印刷
＊乱丁本・落丁本はお取り替え致します。
ISBN978-4-7795-1270-4　Printed in japan